《中国少数民族美术教育五十年学术文库》编委会

主　编	殷会利				
副主编	何　川	高润喜	陈　刚		
编委会	李魁正	钟志金	康笑宇	买新民	芮法彬
	朴春子	张志伟	李贵男	赵海翔	王国能
	李　洁	何　威	夏　展	付爱民	

周梦
民族服饰文化研究文集

Zhou Meng
Minzu Fushi Wenhua Yanjiu Wenji

中央民族大学"211工程"三期重点学科建设项目
中国少数民族美术教育五十年学术文库

周梦 ◎ 著

中央民族大学出版社
China Minzu University Press

图书在版编目（CIP）数据

周梦民族服饰文化研究文集/周梦著. —北京：中央民族大学出版社，2009.12
ISBN 978-7-81108-788-8

Ⅰ．周… Ⅱ．周… Ⅲ．民族服装-中国-文集
Ⅳ．TS941.742.8-53

中国版本图书馆 CIP 数据核字(2009)第 218920 号

周梦民族服饰文化研究文集

作 者	周 梦
责任编辑	吴 云
封面设计	汤建军
出 版 者	中央民族大学出版社
	北京市海淀区中关村南大街 27 号　邮编:100081
	电话:68472815(发行部)　传真:68932751(发行部)
	68932218(总编室)　　68932447(办公室)
发 行 者	全国各地新华书店
印 刷 者	北京宏伟双华印刷有限公司
开 本	880×1230(毫米)　1/32　印张:8.75
字 数	218 千字
版 次	2009 年 12 月第 1 版　2010 年 6 月第 2 次印刷
书 号	ISBN 978-7-81108-788-8
定 价	20.00 元

版权所有　翻印必究

序

　　我国民族艺术源远流长，丰富多彩，少数民族艺术又是其中非常重要的组成部分，在传统艺术的承扬和当代艺术创作中都展现出独具特色的风采。对民族美术的传承与发扬是美术院校不可推卸的责任，而以中央民族大学美术学院为首的民族院校更是肩负着弘扬少数民族艺术的历史使命。自1959年中央民族大学始建美术专业以来，我国的少数民族高等美术教育与之共同经历了50年的发展，回顾这半世纪以来的风雨历程、曲折艰难，成果却更加喜人，更以一种朝气蓬勃的发展态势在新时期阔步前进。

　　美术院校的作用，一是传道授业，为社会输送高等美术专业人才；二是潜心科研与创作实践，参与美术事业的发展。中央民族大学美术学院在这两方面的贡献都可谓成绩斐然，并突出了自己的办学特色，独树一帜。在教学上，中央民族大学美术学院迄今已培养出数以千计的包括绘画、设计、美术学各专业方向的少数民族高等美术专业人才，他们活跃在全国各地，尤其是在各少数民族地区的文化建设中发挥着重要的作用。在创作方面，中央民族大学美术学院汇聚了一批在国内颇有影响的艺术家和青年才俊，他们在各自的专业领域里进行着卓有成效的科研探索和创作实践，为繁荣我国少数民族美术创作做出了十分突出的贡献。这部学术文库中选入的几位专业教师的艺术理论研究文集，从一个侧面清晰地记录了我院教学科研发展的脉络，比较全面地展现了我院师资队伍的科研实力，也可以看做是我们对50年优秀成果总结的另一种汇报形式。

　　从他们近年来取得的丰硕的创作成果中，我们还可以看出其教学、科研中始终坚持的三种学术取向。

其一，立足传统。中央民族大学美术学院师生的创作中体现出良好的传统功底，无论是中国画还是油画、装饰绘画，都十分注重对传统艺术语言的钻研与运用，同时更加注重对民族传统审美意象的凝练和深化表现，在设计探索中十分有效地找到了从民族建筑、民族服饰、民族传统工艺等民族传统艺术遗产中汲取营养的方法。

其二，面向现实。中央民族大学美术学院的专业教学非常重视社会实践和实习采风这一环节，他们的作品无论以什么样的风格面貌出现，无不以少数民族现实生活为创作构思的源泉，无不是在社会人生和大地山河里寻找构思的鲜活素材，无不是以自己在民族地区生活的实际体验作为自己艺术探索的起点。这一点，一直是中央民族大学美术学院的教学传统，因此，他们的创作多能够超越简单的形式感转译，准确地表现少数民族人民群众的民俗生活形态和审美精神。事实上，在少数民族主题美术创作领域里，以中央民族大学美术学院为首的民族院校美术院系占有极其重要的位置。

其三，寻求超越。由于其特殊的责任和所承担的社会使命，中央民族大学美术学院师生们的创作总是焕发着其特有的艺术创造力。可以这样理解，具有天然多样性的少数民族传统艺术在其教学过程中逐渐对创作探索产生推动作用，艺术探索中的个性塑造在很大程度上也受到了良性影响，艺术创新的勇气与活力都得到了极大的推进。在他们的作品集里，异彩纷呈令我们目不暇接，无论教师还是他们培养出来的学生，都在进行独立的艺术探索，成效显著，令人欣慰感佩。

中央民族大学美术学院的师生团队已经成为中国美术界越来越有影响力的一个艺术群体。他们始终努力创造着能够更好地展现民族艺术魅力的艺术风格，在立足传统、面向现实的同时，开

序

辟出一条属于我们这个时代的民族艺术发展之路，将我国少数民族艺术事业推向一个更新的发展阶段。在中央民族大学美术学院成立 50 周年纪念之际，我要向他们表示热烈的祝贺，也期待他们能够取得更大的成就。

刘大为

中国美术家协会主席

前　言

　　伴随共和国 60 年华诞，中央民族大学美术学院也迎来了成立 50 年的盛典。在团结奋进、蓬勃开拓的 50 年中，中央民族大学美术学院经过几代人的不懈努力，收获了中国少数民族美术教育和民族美术创作与科研成果的双丰收。

　　自 1959 年中央民族学院创办了艺术系美术专业（我院前身），50 年来，我院始终坚持为我国少数民族美术事业的发展建设输送人才的办学宗旨，以培养高层次少数民族美术专业人才为己任。作为全国最重要的培养少数民族高级美术人才的教育基地，至 2009 年，我院向社会特别是向民族地区输送了包括了 42 个民族成分，各类学历层次的 2800 多名高等美术创作人才，已经顺利毕业取得硕士学位的研究生 50 多名；成功举办了四届硕士研究生课程班；毕业生中已有 8 位获得博士学位。他们现已成为全国各地民族美术研究、创作以及民族艺术教育领域的学科带头人和中坚力量。

　　在社会各界尤其是教育界、文化艺术界的全力扶助下，中央民族大学美术学院的成长经历了不同的历史发展阶段，学科建设得到全国各兄弟民族院校和民族地区艺术院系的大力支持，学科建设水平稳步提高。至 2009 年，中央民族大学美术学院已经形成集教学、创作、科研为一体的办学模式，构建了科学的符合艺术学科发展规律的包括博士研究生在内的多层次教学结构，已经建立了绘画、美术学和艺术设计三个招生专业中的七个专业方向，并完成新建"中国画临摹工作室"、"丝网印刷工作室"、"影像艺术中心"等多个专业实验室的发展规划任务。尤其是进入 21 世纪以来，学院建设工作开始纳入国家"211 工程"、"985 工程"的学科建设项目，美术学院的办学规模、办学层次和办学质量都实现了全面的跨越。随着信息化、全球经济一体化进程的不断加速以及社会主义市场经济的确立和成熟，使得教育体制必须遵循市场规律。在教育产业化的进程中，人才市场的竞争随之加剧，这就为新时期民族美术教育提出了更高的要求，它包括教育资源和社会文化资源的合理配置，社会需求与课程设置的相互配合，拥有适应新形势的高水平的师资队伍和坚定不移地走突出民族特色的教育方向。在多年的教学实践和创作科研推进工作中，师资队伍里陆续涌现出一批以表现少数民族题材著称于当代画坛的著名画家和学者，如刘秉江教授、罗贻教授、周秀清教授等。其中刘秉江教授在1982年为北京饭店设计创作的壁画《创造·收获·欢乐》荣获第六届全国美展银奖，作为我国新时期少数民族主题绘画创作中具有代表性的作品写入当代美术史篇；周秀清教授于1999年应国家民委、邮电部之约，为纪念国庆50周年而设计了民族大团结邮票，多次被党和国家领导人作为礼品赠送外国贵宾，并多次担任国家大型汇演活动中的民族服饰问题顾问。同时，许多教师在艺术语言的探索和尝试中开辟出在当代画坛具有深刻影响的创新路径，在教学中时刻鼓励青年学子勇于探索创新。如李魁正教授的现代没骨画与泼绘艺术，既融合了传统绘画审美特质，又开创了全新的表现风格，成为中央民族大学美术人立足民族传统，开拓进取精神的集中表现，在学术上引领了当代学术潮流，同时推动了中国少数民族美术教育的发展进程。

1959年，我校开始面向民族地区招收美术专业大学生，与此同时，为新中国少数民族高等美术教育谱写了崭新的篇章。中央民族大学美术专业教学在这50年的发展历程中，积累了丰富的培育少数民族美术人才的宝贵经验，为民族地区民族美术的发展发挥了重要的人才基地作用。随着社会的不断发展，对民族美术人才的要求也越来越高，如何培养出水平更高、更好的、能够适应时代需求的民族美术人才，是当今艺术教育界共同面临的一

前　言

个重要课题。中央民族大学美术学院也一直发挥着我国少数民族高等美术教育领域中的重要作用，其50年来所积累的优秀教学成果是我国少数民族高等美术教育学科建设中的坚实基础和宝贵财富，对其主要成果的总结和教学创新研究是当前学科发展所急需完成的一项重大课题，为今后我国少数民族美术教育的发展提供有力的实践材料、理论及方法依据。这部学术文库中选入的几位专业教师的艺术理论研究文集，从一个侧面清晰地记录了我院教学科研发展的脉络，比较全面地展现了我院师资队伍的科研实力，也可以看做是我们对50年优秀成果总结的另一种汇报形式。

少数民族高等美术教育的发展水平直接影响了我国当代艺术、少数民族文化产业、少数民族传统文化与原生态艺术保护等众多领域的建设、发展，其教学与科研成果也是支撑国家整体文化发展战略的一个关键性环节。新中国美术创作中曾经流行的"少数民族热"现象，对中国现代美术创作曾产生过巨大的影响，投射到60年中国美术教育的整体发展中，少数民族美术教育已经形成了一个专门的体系，是高等美术教育中一个非常重要的学科分支。如何办好少数民族高等美术教育？如何发展这一学科？仍然是摆在我们全体同仁面前的一个重大课题。正是抱着这样的信念，中央民族大学美术学院根植于丰富的少数民族传统文化艺术的沃土，几代同仁奋进在民族美术教育的阵线上，不懈地耕耘。现今世界文化的多元化特征、少数民族区域和区域经济的发展，以及国家对民族地区自然文化遗产的保护都将激发我们在中国少数民族美术教育和中国少数民族美术创作的艺术实践中作出新的拓展和贡献。

殷会利
中央民族大学美术学院院长
2009年11月18日

目　录

一、服装史类……………………………………………（1）
　　夏商周时期中国服饰形制与服饰等级制度浅析…………（3）
　　清初满汉服饰之争与清代服装款式小议 ……………（13）
　　浅析民国时期服装款式、风尚以及时尚的传播途径 …（27）
　　从唐代壁画人物着装看胡服对汉族服装的影响………（55）
　　典雅与现代
　　　　——20世纪前期西方时尚史………………………（66）
　　战争与青春
　　　　——20世纪中期西方时尚史………………………（81）
　　叛逆与自由
　　　　——20世纪晚期西方时尚史………………………（94）

二、少数民族服饰类……………………………………（103）
　　浅谈少数民族传统服饰的保护与发展…………………（105）
　　试论苗族盛装的文化策划及其实现……………………（117）
　　浅议民族传统服饰文化内涵的形成及审美特征………（127）
　　贵州省雷山县西江苗寨传统服饰调查报告……………（140）

三、服饰文化类…………………………………………（159）
　　求同与融合
　　　　——小议服装的民族化和国际化…………………（161）
　　浅议国际时装舞台上的中国风尚………………………（168）
　　中西服装风格比较初探…………………………………（177）
　　衣服的"方言"
　　　　——地域文化对服装的影响………………………（189）

1

浅谈满族旗袍的源流、发展与传承…………………(194)
影响西方百年时尚史的三股力量…………………(205)
小议传统文化思想与流行传播方式对中国传统服饰
风格的影响………………………………………(209)
从小黑礼服（Little black dress）的变化看 20 世纪
女装的发展………………………………………(215)

四、其他………………………………………………(223)
20 世纪前期中国民族纺织品牌发展初探 …………(225)
从古典到现代
——包豪斯对现代设计的影响…………………(252)
"民族传统服装设计"课程的教学实践与思考 ………(258)

主要参考文献…………………………………………(266)
后记……………………………………………………(268)

一、服装史类

夏商周时期中国服饰形制与服饰等级制度浅析

一、衣料质地

考古证明，中华先民除使用皮革之外，早已经掌握纺织技术。20世纪70年代，浙江余姚河姆渡文化遗址出土了7000余年前成套的纺织工具，包括骨质的机刀、梭、经轴，木质的绞纱棒和陶纺轮等，共计70余件。在伴随出土的两件象牙雕盅形器表面上，分别刻有家蚕纹和纺织纹的写实图像。在距今6000余年的马家浜文化的草鞋山遗址，出土有已经炭化呈山字形和菱形斜纹纹样纺织品3块，经鉴定原料为野生葛，是我国目前已知年代最早的纺织品。在距今约4700年的钱山漾遗址，出土了大量盛在竹筐里的丝织品和苎麻织品。丝织品有绢片、丝带和丝线，制作相当精细。所用原料经专家鉴定是家蚕丝。麻织品有麻布片和麻绳。麻布片经鉴定为苎麻纺织品，细密程度与现在的细麻布相似，是我国目前已知最早的苎麻织品实物。皮、毛、丝、麻、葛等服装原料已经全部出现。直到棉花引入中国，中国人的衣料也不过这几类而已。

二、服装样式

据宋镇豪分析,这一时期的服装样式,至少有 12 种以上[①]。商代出土和传世人像雕刻比较多见,1935 年殷墟出土一尊大理石圆雕跪坐人像右半身残件。衣着为上身"大领衣,衣长盖臀,右衽,腰束宽带,下身外着裙,长似过膝。胫扎裹腿,足穿翘尖之鞋。以至领口、襟缘、下缘、袖口缘有似刺绣之花边,腰带上亦有刺绣之缘。裙似百褶,亦有绣纹"[②]。同年出土的浮雕人形玉饰,头戴冠,冠顶前高后低。

1937 年于小屯出土一件玉雕人首笄头,扁平形冠顶饰一高耸的倒立鱼龙形饰物;另一件传小屯出土的浮雕璜形玉人,头戴之冠也成前高后低状。此外,还有传安阳殷墓出土圆雕玉立人,戴前高后低的冠,上身着交领右衽衣,下身着裳和斧形蔽膝,腰束带,足着履。现存美国哈佛大学福格美术馆的传安阳殷墓出土圆雕石人立项,首服似用巾帻缠头,绕积至 4 层,前高广、后低窄,顶做斜面形;身着交领右衽衣,前襟过膝,后裾齐足,佩斧形蔽膝,内裤稍露,足穿圆口屦。借助这些文物,可知这一时期最主要的服装款式是上衣下裳。

1. 上衣

上衣的形制为交领、右衽,长过臀。衣字的甲骨文作 ⌒、金文作 ⌒,均像两衣服襟相交之形。右衽,即左襟掩覆右襟。

---

① 陈高华、徐吉军主编:《中国服饰通史》,第 60 页,宁波出版社。
② 梁思永、高去寻:《侯家庄第五本·1004 号大墓》,第 41 页,台北,中央研究院历史语言研究所,1970 年版。

图 1 河南安阳妇好墓出土商代玉人背、正、侧面

古人尚右，据朱彦民统计，甲骨文中作右衽形的衣字与作左衽形的衣字之比达到 4∶1①。汉族的右衽与周边其他民族的左衽截然相反，以至于成为华夷之辨的标志之一，孔子曾说："微管仲，吾其被发左衽矣。"②

2. 下裳

下裳形制则是以布围绕下体。刘熙《释名·释衣服》载："凡服，上曰衣，衣，依也，人所依以芘寒暑也。下曰裳，裳，障也，所以自障蔽也。"与上衣侧重于避寒暑不同，下裳的作用主要在于遮蔽下体。古代布幅很窄，如周制幅宽 2 尺 2 寸，约合 0.5 米③，故而裳必须用多幅布缝制。在朝祭场合穿着的裳，叫做帷裳。这种裳"正幅如帷"，要用 7 幅不加裁剪的布制成，前身用 3 幅连缀，后身用 4 幅连缀。7 幅布连缀起来则有 3.5 米

---

① 朱彦民：《"殷人尚右"观念的再考察——以甲骨文字形和考古资料为视角》，载《中国社会历史评论》，2006 年。
② 《论语·宪问》。
③ 中国历代度制演变测算简表，周制 1 尺合 0.231 米。

长,为使裳的上腰长度与穿着者腰围相适合,要在腰两旁打褶①。至于非正式场合穿着的裳,则不必用整幅布缝制,所以孔子说:"非帷裳,必杀之。"②

与裳配套的还有蔽膝、腰带和胫衣。蔽膝,是遮盖下腹至腿部的服装,是比裳更早的遮羞物。郑玄注《周易乾凿度》载:"古者田渔而食,因衣其皮。先知蔽前,后知蔽后,后王易之以布帛,而犹存其蔽前者,重古道,不忘本。"蔽膝的形状呈斧头形,穿着方法是穿在革带之上。按照用途、质地不同,蔽膝又被叫做市、芾、袆、韠等。郑玄注《诗经·采菽》云:"芾,大古蔽膝之象也,冕服谓之芾,其他服谓之韠,以韦为之。"为了不使衣服散开,还要在腰部系腰带。腰带既可以是革质,也可以是丝质。《易经》讼卦"锡之鞶带",即革带。《诗经·鸤鸠》云:"淑人君子,其带伊丝。"郑玄注云:"其带伊丝,谓大带也。大带用素丝,有杂色饰焉。"胫衣是穿在腿上的服装。裳的功用主要在于"障蔽",保暖则主要由胫衣完成。胫衣有两种:一种是绔,类似于今天的裤腿,上达于膝盖,下达于脚踝,穿着时套在小腿上,用绳带系结;另一种是幅,即以布缠绕小腿,类似于现代的绑腿。因缠时是斜行而上,故又名邪幅。《诗经·采菽》云:"邪幅在下。"

3. 深衣

深衣,即上衣、下裳相连的服装,因为"被体深邃",故名。

---

① 《仪礼·丧服》:"裳,内削幅,幅三袧。"郑玄注云:"袧者,谓辟两侧,空中央也。祭服朝眼,辟积无数。凡裳,前三幅,后四幅也。"贾公彦疏:"为裳之法:前三幅,后四幅,幅皆三辟摄之,以其七幅,布幅二尺二寸,幅皆两畔,各去一寸,为削幅,则二七十四尺。若不辟积其腰中,则束身不得就,故须辟积其腰中也,腰中广狭在人粗细,故袧之辟摄。"

② 《论语·乡党》。

按照记载，深衣用途相当广泛，不但是诸侯、大夫、士的便服，即"朝玄端，夕深衣"，"可以为文，可以为武，可以摈相，可以治军旅"，也是朝服、祭服、丧服的中衣，还是庶人的吉服。考古发现也证明，在春秋战国时期，深衣确实非常流行，不分男女，都穿深衣，周、秦、楚、齐、魏、中山等国墓葬中都曾出土穿着深衣的人物像。

深衣的形制，按照《礼记》的记载，是"短毋见肤，长毋被土。续衽钩边；要缝半下；袼之高下，可以运肘；袂之长短，反诎之及肘。带下毋厌髀，上毋厌胁，当无骨者"①。"深衣三袪，缝齐倍要，衽当旁，袂可以回肘。长、中继揜尺。袷二寸，袪尺

图2 穿深衣的女子形象——
《龙凤少女帛画》局部（战国）

① 《礼记·深衣》。

二寸，缘广寸半"①。"续衽钩边"是深衣除"衣裳连属"之外的另一显著特点，"续衽"即衣襟连属中间不开衩，"钩边"即衣襟呈鸟喙状的三角形，用以向后掩体。无论续衽还是钩边，都是为了严密地遮蔽身体。

深衣尽管为两性通服，但还是有男装与女装之别。长沙五里牌406号楚墓出土男俑所着深衣曲裾只向身后斜掩一层，而长沙仰天湖25号楚墓出土女俑所着深衣曲裾却向后缠绕数层，而且前襟下还垂出一尖角，形状上广下狭。可见女式深衣和男式深衣的式样是有所不同的。

4. 首服

首服在这里主要指帽子，但在先秦时期并没有"帽子"这个名称。首服主要包括冠、冕、弁、頍、帻、巾等。

冠，《释名》解释为"贯也，所以贯韬发也"。见诸甲骨文的冠，有冃、弁；见诸文献的，则有冕、弁、頍、巾、帻等。作冠是有身份的人共用的首服，士以上家庭男孩成年时即须行冠礼，表示他已能肩负成人的责任。冠的颜色平时为玄或黑色，服丧则用缟素。玄冠，是以玄色织物做冠衣的冠，冠形前高后低、顶呈斜面。玄冠是后代的名称，在夏、商、周三代，这种冠分别叫做"毋追"、"章甫"和"委貌"。缁布冠，是以黑色布制成的冠，《礼记·郊特牲》载："太古冠布，齐则缁之。"庶人在一些场合也可以戴冠，《礼记·郊特牲》说到野夫蜡祭时，也用"黄衣黄冠"。冃，即帽字，甲骨文作 ，像一种带有角状、梁状抑或垂旒饰物的帽子。冕，甲骨文有 （免）字，正像一人戴"冃"之形。冕是一种高等级的冠，用于祭祀。据《周礼》，冕的形制

---

① 《礼记·玉藻》。

8

是"玄冕，朱里，延，纽"①。贾公彦解释，冕"上以玄，下以朱，衣之于冕之上下。云延者，即是上玄者。纽者，缀于冕，两旁垂之，武两旁作孔，以笄贯之，使得其牢固也"。弁，甲骨文作㐅，像两手扶扁圆形帽子状。郑玄注《仪礼·士冠礼》谓："弁名出于槃。"槃、盘系古今字。可见最早的弁似是一种扁圆形的帽子。弁在夏代称"收"、在商代称"冔"。周制皮弁用白鹿皮制成，前高后卑，形制接近委貌。爵弁，因颜色赤而微黑，如同雀头，又名雀弁，是一种前小后大、类似冕但没有繅的冠。頍，是以布缠头，从出土文物判断，上至贵族，下至贱民，都可以戴頍。巾、帻，是以布裹头，是"古者卑贱执事，不冠者之所服也"②。

5. 足服

履，见诸文献的，有屦，是一种单层底的鞋，用麻、葛或革制成，单制的又名鞮。山西柳林高红商代武士墓曾出土一只铜靴，可能就是鞮的模型；有舄，是一种双层底的鞋，"以木置履下，干腊不畏泥湿"③；有扉，是一种草鞋。河南柘城孟庄商代遗址曾出土一段鞋底，宽约9.4厘米，外形与草鞋相似，经鉴定材质有可能为树皮，应当就属于扉一类。

三、服饰等级制度

社会的进步导致君主、臣子、庶民、奴隶之间的分隔愈加确

---

① 《周礼·弁师》。
② 蔡邕：《独断》。
③ 崔豹：《古今注》。

定，而技术的进步也推动服装变得愈加奢华。在大禹时代，天子只有祭祀时才会穿得精美一些，平时则至少谈不上好，以至于孔子感动得直说他与禹"无间然矣"[1]。至商代，据沈从文考证，已"能织极薄的精细绸子和几种提花织物"[2]。武王伐纣时，把"侈服"当成了"残害尔万姓"的罪状之一[3]。也许周初统治者的服饰较商代略为简朴，但服饰的等级化和特权化，则比前代有过之而无不及。赐服在周代大量出现。目前已知160余件带有赏赐内容的周代金文铭辞中，赐服多达60余件[4]，主要为赤市、玄衣、玄衮衣、赤舄等。和服装一同被赐予的，往往是美酒、车马、奴隶、金钱。带有鲜明社会等级地位烙印的赐服，含金量已经高到足以在"子子孙孙永宝用之"的钟鼎重器上大书特书。关于赐服，在《诗经•韩奕》等篇中也有记载[5]。

尽管目前还缺少出土文物的直接印证，但从春秋战国人物的言论判断，周代服装制度已经相当完备。鲁桓公二年（公元前710年），臧哀伯谏纳郜鼎时，即以服装制度举例，劝国君不要做不合德义的违礼之事："衮、冕、黻、珽、带、裳、幅、舄、衡、紞、纮、綖，昭其度也。藻、率、鞞、鞛、鞶、厉、游、缨，昭其数也。火、龙、黼、黻，昭其文也。五色比象，昭其物也。"[6]

春秋时期的《周礼》、《礼记》和《仪礼》（"三礼"），更为详

---

[1] 《论语•泰伯》。

[2] 沈从文：《中国古代服饰研究》，第35页，上海世纪出版集团，2005年版。

[3] 《尚书•泰誓》。

[4] 许倬云：《西周史（增订本）》，第169页，生活•读书•新知三联书店，1994年版。

[5] 《诗经•大雅•韩奕》："王锡韩侯，淑旗绥章。簟茀错衡。玄衮赤舄、钩膺镂锡、鞹鞃浅幭、鞗革金厄。"

[6] 《左传•桓公二年》。

尽地勾勒出一幅"六冕"制度景象。六冕是天子的六种祭服，即大裘冕、衮冕、鷩冕、毳冕、絺冕和玄冕。从公侯直至士，都可以依身份穿戴相应的冕服。六冕有特定的穿着要求，"祀昊天上帝，则服大裘而冕；祀五帝，亦如之。享先王，则衮冕；享先公、飨、射，则鷩冕；祀四望山川，则毳冕；祭社稷五祀，则希冕；祭群小祀，则玄冕……公之服，自衮冕而下，如王之服。侯伯之服，自鷩冕而下，如公之服。子男之服，自毳冕而下，如侯伯之服。孤之服，自希冕而下，如子男之服。卿大夫之服，自玄冕而下，如孤之服……士之服，自皮弁而下，如大夫之服。"①汉代的经学家认为，冕与服之间，也要有一定的搭配关系，如大裘冕配羔裘、衮冕配衮龙衣、鷩冕和毳冕配裨衣等。

衣服上织、袖或绘有图案，叫做"章"。来自于自然界形象或图腾崇拜的日、月、星辰、山、龙、华虫、宗彝、藻、火、粉米、黼、黻 12 种图案，被称为十二章。十二章最初不过是对自然的崇拜和对服装的美化，但在漫长的岁月中逐渐被赋予神圣的意义并成为权力的象征。尧在就曾语重心长地对禹说："予欲观古人之象，日、月、星辰、山、龙、华虫，作会；宗彝、藻、火、粉米、黼、黻，絺绣，以五采彰施于五色，作服，汝明。"②天子有十二章，即日、月、星辰、山、龙、华虫、宗彝、藻、火、粉米、黼、黻。天子以下章数依次减少。上公冕服九章，诸侯冕服七章，诸伯如诸侯，诸子冕服五章，诸男如诸子。至于服色，郑玄认为都是玄衣𫄸裳。

《周礼》还提到了上至天子、下至于士都可以穿着的"齐服"，包括玄端和素端。玄端属于上衣下裳，玄衣用布每片长 2 尺 2 寸（周尺），因为古代的布幅窄，宽也只有 2 尺 2 寸，所以

---

① 《周礼·司服》。
② 《尚书·益稷》。

每幅布都是正方形,端直方正,故称端。又因玄色无章彩纹饰,暗合了正直端方的内涵,所以称为"玄端"。玄端既可以用于临祭,也可以用于燕居。素端样式同玄端,颜色用素,用于瘟疫、灾荒祈请等场合。

"三礼"所描述的周代服装制度,带有许多后代儒生的理想化成分,同时彼此之间还有不少抵牾,但为后代追求"礼制"提供了范例。

清初满汉服饰之争与清代服装款式小议[①]

一、满汉服饰之争

清代服饰的一大特点是满汉服饰风格的并行。促使这两个民族之间服饰相互影响的两下因素：一是政治统治的需要，即清代统治者以强制的手段推行满族的服饰制度及款式；二是百姓生活的需要，即民族交流带来的民族服饰间的融合。

万历十一年（1583），努尔哈赤以复仇为名起兵，开始了他的战争生涯，33年之后他在隆重的仪式中接受了"奉天覆育列国英明汗"的尊号，改年号为"天命"，建立了后金政权。明崇祯十七年、清顺治元年（1644），清兵入关，中国历史上最后一个封建王朝——清，开始了其后长达267年的统治。崛起于白山黑水之间的满族，属于金代未进入中原的女真之后，在皇太极改族名为"满洲"之前，满族一直被称为"女直（真）"。

1. 政治斗争与剃发易服

尽管受到明代文化将近3个世纪的熏陶，满族服装依然保留了鲜明的北方游牧民族的基本特点，即紧身窄袖、便于骑射，与汉族所追求的飘巾长袖式的潇洒意趣大相径庭。由于一直处在战争状态，加之上下同服、等差不大的传统，后金政权一直没有对

[①] 本文为中央民族大学"211工程"三期重点学科建设项目"中国少数民族服饰变迁、融合与研究"阶段性成果。

服制作太多规定。随着政权内部汉族成分不断增加，辨服色、明等威的呼声也越来越高。天聪九年（崇祯八年，1635年）12月，厢蓝旗固山副将张存仁在奏本中说到："……今汗国势已大，何不称曰皇帝，而尚曰汗何□文武等级止曰六部，国中虽有官之职□矩，何不就于衣帽上定大小也？既是□虽立学校，而不能加以服色，曾立科场□养人、知重人、用人、莫疑人，贤者宜优□宜信此该皇帝手断，方能启后人□汗把北京作为预先安排，临期易于□汗之明，臣服汗之才，汗尚不肯自用其明，大展其才。"但统治者出于政治考虑，还是作出了坚持传统服饰的决策。崇德二年（崇祯十年，1637年），清太宗谕诸王、贝勒："昔金熙宗及金主亮废其祖宗时冠服，改服汉人衣冠。迨至世宗，始复旧制。我国家以骑射为业，今若轻循汉人之俗，不亲弓矢，则武备何由而习乎？射猎者，演武之法；服制者，立国之经。嗣后凡出师、田猎，许服便服，其馀悉令遵照国初定制，仍服朝衣。并欲使后世子孙勿轻变弃祖制。"简而言之，不能接收汉制的原因有二：首先是吸取古代少数民族政权汉化改革的历史教训。服汉人衣冠，尽忘本国语言，无不一二世而亡。其次是把满足战争需要摆在首要位置。满洲全民皆兵，汉族的长袍大袖不利于骑射，严重影响战斗力，在与明政权的残酷斗争中生存都会成为问题。

　　入关后的清政府继续执行"剃发易服"政策，但反对呼声非常强烈，大臣们公开提出"请遵中夏礼仪"[①]、老百姓则揭竿而起，当年访华归国的朝鲜使臣向国王谈及所见中国情形时说："及有剃头之举，民皆愤怒，或见我人泣而言曰：'我以何罪独为此剃头乎？！'如此等事，虽似决断，非收拾人心之道也。"[②] 面对压力，清政府曾短暂地允许汉族人依旧穿明装。直到次年

---

① 《明清史料・孙承泽等六科公本揭帖》。
② 《朝鲜李朝实录》。

(1645)多铎占领南京后,还一度发布告示:"剃头一事,本朝相沿成俗。今大兵所到,剃武不剃文,剃兵不剃民,尔等毋得不道法度,自行剃之。前有无耻官先剃求见,本国已经唾骂。特示。"① 但也有剃发易服的积极分子。礼部左侍郎兼翰林院侍读学士孙之獬,不但本人主动剃发,而且要全家"皆效满装"②。满汉官员对他嗤之以鼻,他索性上疏鼓动推行剃发易服政策:"陛下平定中国,万事鼎新,而衣冠束发之制独存汉旧,此乃陛下从中国,非中国从陛下也。"③ 终于,在占领南京后不久,剃发易服的政策恢复执行:"向来剃发之制,不即令画一,姑令自便者,欲俟天下大定始行此制耳。今中外一家……若不画一,终属二心……自今布告之后……限旬日,尽令剃发……不随本朝制度者,杀无赦。其衣帽装束,许从容更易,悉从本朝制度,不得违异。"④ 紧接着,清政府又发布命令,要求"衣冠皆宜遵本朝之制"。江阴的降而复叛正是当时天下反抗的一个缩影。江阴本已归顺,新任知县方亨,穿着"纱帽蓝袍"到任。后来剃发令起,大家指责道:"汝是明朝进士,头戴纱帽、身穿圆领,来做清朝知县,羞也不羞、丑也不丑?!"又书复清军,"江阴礼乐之邦,忠义素著;止以变革大故,随时从俗。方谓虽经易代,尚不改衣冠文物之旧。岂意剃发一令,大拂人心。是以乡城老幼,誓死不从,坚持不二。"⑤ 全城举兵抗清,坚守81天。总之,清初的服装款式,已经超出了服装本身的意义,成为一种强烈的政治符号。

士人也是坚持汉族服饰装束的一股重要力量,山西保德人陈奇瑜,"张黄盖,衣蟒玉,头顶进贤冠,发鬖鬖满顶,扬扬乘轿,

---

① 计六奇:《明季南略》。
② 《清世祖实录》。
③ 《砚见堂见闻杂录》。
④ 《清世祖实录》。
⑤ 《江阴城守记》。

图3　清末剃发情景

竟诣州馆,与州守贺熊飞相谒",被杀害①。安徽建德人胡士昌,"网巾大袖,口称大事已就,劝知县速为迎顺"金声桓,后又被查出家藏"前朝□帽、朝冠各壹顶、纱带壹围、圆领柒件",被"枭示正法"②。穿僧服、深衣一时间成为遗民们的时尚。降清后不得志的钱谦益,身穿自己设计的无领大襟宽袖袍,领制从清,袖制从明,被人讥为"两朝领袖"。其他如"画网巾先生"等,更有念旧的妙招③。陈名夏这样曾经炙手可热的权贵,也因为一句"留了头发,复了衣冠,天下就太平了"葬送性命。对普通老百姓来说,变服同样不啻为一场噩梦,顺治二年礼部定《帽顶惺带式样》,规定:"凡民间无职者,止许用青蓝布衣,有喜庆

---

① 《砚见堂见闻杂录》。
② 《江南总督马国柱题本》。
③ 戴名世:《画网巾先生传》。

事许□□绢衣；并不许擅用各色纻丝纱罗䌷帛；靴筒舆鞋只许用纯黑布，不许用红黄及杂色䌷缎并不许用云头。犯者以违制论，亵衣从便不在禁例。"① "间有乡愚不知法律，偶入城市，仍服其衣，蹩躠行道中，无不褫衣陵逼。赤身露归，即为厚幸。"② 直到"十从十不从"被提出来，矛盾才略有缓和。

2. 满族服饰制度的建立

清代统治者在反对和制止前朝服饰制度的同时，非常重视自身服装制度的建设。顺治二年（1645）闰六月，皇帝即要求礼部将"公侯文武各官应用帽顶……次第酌议，绘图来看"。礼部拟出了《帽顶惺带式稿》③。顺治九年（1652），颁布《服色肩舆永例》。之后又经过康熙、雍正、乾隆各朝的不断补充，清代服装制度逐步走向完善。特别是高宗，对服制非常重视，《清史稿》称他是"法式加详"。一方面，他吸纳传统礼制元素运用于清代服装制度。自清建国以来，就不断有人呼吁制衮冕，"尊元首、辨等威，以合天意、以顺人心"④，乾隆虽然没有采纳恢复衮冕的意见，但却吸纳了其中的十二章制度，并对各章的式样和位置都作了明确规定。另一方面，他不惜使用严厉手段维护满族着装传统。江西抚州金豀县生员刘震宇著《佐理万世治平新策》，主张"更易衣服制度"。乾隆盲斥他大逆不道："刘震宇自其祖父以来，受本朝教养恩泽已百余年，且身到黉序，尤非无知愚民，乃敢逞其狂诞，妄訾国家定制，居心实为悖逆……将其处斩，书版销毁。"⑤ 后来他又强调："订、金、元衣冠，初未尝不循其国

---

① 《礼部题稿》。
② 《砚见堂见闻杂录》。
③ 《礼部题稿》。
④ 《兵科左给事中陈调元题本》。
⑤ 《清高宗实录》。

俗，后乃改用汉、唐仪式。其因革次第，原非出于一时。即如金代朝祭之服，其先虽加文饰，未至尽弃其旧。至章宗乃概为更制。是应详考，以徵蔑弃旧典之由。衣冠为一代昭度，夏收殷冔，不相沿袭。凡一朝所用，原各自有法程，所谓礼不忘其本也。自北魏始有易服之说，至辽、金、元诸君浮慕好名，一再世辄改衣冠，尽去其纯朴素风。传之未久，国势浸弱。况揆其议改者，不过云衮冕备章，文物足观耳。殊不知润色章身，即取其文，亦何必仅沿其式？如本朝所定朝祀之服，山龙藻火，粲然具列，皆义本礼经，而又何通天绛纱之足云耶？"① 与朝堂上的严肃大为不同的是，这位风雅皇帝私下非常倾慕汉装，时不时就命画师画上一幅他身着褒衣博带的行乐图，但为了不至于上行下效，他又宣称这不过是"丹青游戏"，不能作真。

清代帝王的服装有朝服、吉服、常服、行服等，按季节分为冬夏，按场合分为不同颜色。

清代皇帝服饰款式构成列表

首服	朝冠	冬用薰貂，十一月朔至上元用黑狐。上缀朱纬。顶三层，贯东珠各一，皆承以金龙四，馀东珠如其数，上衔大珍珠一。夏织玉草或藤竹丝为之，缘石青片金二层，里用红片金或红纱。上缀朱纬，前缀金佛，饰东珠十五。后缀舍林，饰东珠七，顶如冬制
	吉服冠	冬用海龙、薰貂、紫貂唯其时。上缀朱纬。顶满花金座，上衔大珍珠一。夏织玉草或藤竹丝为之，红纱绸里，石青片金缘。上缀朱纬。顶如冬吉服冠
	常服冠	红绒结顶，不加梁，余如吉服冠
	行冠	冬用黑狐或黑羊皮、青绒，馀俱如常服冠。夏织藤竹丝为之，红纱里缘。上缀朱氂。顶及梁皆黄色，前缀珍珠一

---

① 《清史稿·舆服志》。

续表

衣服	端罩	紫貂为之。十一月朔至上元用黑狐。明黄缎里。左、右垂带各二，下广而锐，色与里同
	衮服	色用石青，绣五爪正面金龙四团，两肩前后各一。其章左日、右月，万寿篆文，间以五色云。春秋棉袷，冬裘、夏纱唯其时
	朝服	色用明黄，唯祀天用蓝，朝日用红，夕月用月白。披领及袖皆石青，缘用片金，冬加海龙缘。绣文两肩，前、后正龙各一，腰帷行龙五，衽正龙一，襞积前、后团龙各九，裳正龙二、行龙四，披领行龙二，袖端正龙各一。列十二章，曰、月、星、辰、山、龙、华、虫、黼黻在衣，宗彝、藻火、粉米在裳，间以五色云。下幅八宝平水
	龙袍	色用明黄。领、袖俱石青，片金缘。绣文金龙九。列十二章，间以五色云。领前后正龙各一，左、右及交襟处行龙各一，袖端正龙各一。下幅八宝立水，襟左右开，棉、袷、纱、裘，各唯其时
	常服褂	色用石青，花文随所御，裾左右开。行褂，色用石青，长与坐齐，袖长及肘
	常服袍	色及花文随所御，裾四开。行袍同
配饰	朝珠	用东珠一百有八，佛头、记念、背云、大小坠杂饰，各唯其宜，大典礼御之。唯祀天以青金石为饰，祀地珠用蜜珀，朝日用珊瑚，夕月用绿松石，杂饰唯宜。绦皆明黄色
	朝带	朝带之制二，皆明黄色： （1）用龙文金圆版四，饰红蓝宝石或绿松石，每具衔东珠五，围珍珠二十。 （2）用龙文金方版四，其饰祀天用青金石，祀地用黄玉，朝日用珊瑚，夕月用白玉，每具衔东珠五
	吉服带	用明黄色，镂金版四，方圆唯便，衔珠玉杂宝各从其宜。左右佩帉纯白，下直而齐
	行带	色用明黄，左右佩系以红香牛皮为之，饰金钑花文银镮各三

图 4　明黄纱织彩云金龙纹夹龙袍（正）

图 5　明黄纱织彩云金龙纹夹龙袍（背）

清代官服下有开衩，一般官吏开两衩、皇族宗室开四衩。袍服为大襟或对襟，袖子较为紧窄，袖口呈弧形，俗称"箭袖"。根据季节不同首服也不同，夏戴凉帽，冬戴暖帽。区分官阶高低的标志，是补子、顶戴和腰带。

清代文武官员补服列表

文一品	朝冠，顶镂花金座，中饰东珠一，上衔红宝石。补服前后绣鹤，唯都御史绣獬豸。朝带镂金衔玉方版四，每具饰红宝石一。馀皆如公

清初满汉服饰之争与清代服装款式小议

续表

文二品	朝冠,冬用薰貂,十一月至上元用貂尾,顶镂花金座,中饰小红宝石一,上衔镂花珊瑚。吉服冠顶亦用镂花珊瑚。补服前后绣锦鸡。朝带镂金圆版四,每具饰红宝石一。馀皆如文一品
文三品	朝冠,顶镂花金座,中饰小红宝石一,上衔蓝宝石。吉服冠顶亦用蓝宝石。补服前后绣孔雀,唯副都御史及按察使前后绣獬豸。朝带镂花金圆版。馀皆如文二品
文四品	朝冠,顶镂花金座,中饰蓝宝石一,上衔青金石。吉服冠顶亦用青金石。补服前后绣雁,唯道绣獬豸。蟒袍通绣四爪八蟒。朝带银衔镂花金圆版四。馀皆如文三品
文五品	朝冠,顶镂花金座,中饰小蓝宝石一,上衔水晶石。吉服冠顶亦用水晶。补服前后绣白鹇,唯给事中、御史绣獬豸。朝服色用石青,片金缘,通身云缎,前后方襕行蟒各一,中有襞积。领、袖俱用石青妆缎。朝带银衔素金圆版四。馀皆如文四品
文六品	朝冠,顶镂花金座,中饰小蓝宝石一,上衔砗磲。吉服冠顶亦用砗磲。补服前后绣鹭鸶,朝带银衔玳瑁圆版四。馀皆如文五品,唯无朝珠
文七品	朝冠,顶镂花金座,中饰小水晶一,上衔素金。吉服冠顶亦用素金。补服前后绣鸂鶒,朝带素圆版四。蟒袍通绣四爪五蟒。馀皆如文六品
文八品	朝冠,镂花阴文,金顶无饰。吉服冠同。补服前后绣鹌鹑。朝服色用石青云缎,无蟒。领、袖冬、夏皆青倭缎,中有襞积。朝带银衔明羊角圆版四
文九品	朝冠,镂花阳文,金顶。吉服冠同。补服前后绣练雀。朝带银衔乌角圆版四。馀皆如文八品
武一品	补服,前后绣麒麟。馀皆如文一品
武二品	补服,前后绣狮。馀皆如文二品
武三品	朝冠,冬用薰貂,补服前后绣豹。馀皆如文三品。唯朝服无貂缘及无端罩。一等侍卫戴孔雀翎。端罩猞猁狲,间以貂皮,月白缎里。馀如武三品

续表

武四品	补服，前后绣虎。馀皆如文四品。二等侍卫戴孔雀翎。端罩红豹皮为之，素红缎里。朝服冬、夏均翦绒缘，色用石青，通身云缎，前后方襕行蟒各一，腰帷行蟒四，中有襞积。领、袖俱石青妆缎。馀如武四品
武五品	补服，前后绣熊。馀皆如文五品。唯无朝珠。三等侍卫戴孔雀翎。端罩黄狐皮为之，月白缎里。朝服冬、夏俱翦绒缘。馀如武五品，唯得用朝珠
武六品	补服，前后绣彪。馀皆如文六品。蓝翎侍卫朝冠顶饰小蓝宝石一，上衔砗磲，戴蓝翎。端罩、朝服、朝珠均同三等侍卫。馀如武六品
武七品	补服，前后绣犀牛。馀皆如文七品
武八品	补服如武七品。馀皆如文八品
武九品	补服，前后绣海马。馀皆如文九品

二、清代男女服装款式

1. 男子服装款式

普通男装，已经基本满化，主要是长袍、马褂、马甲、瓜皮帽。长袍特点是窄身、窄袖、无领、大襟，一如"武装"[①]。褂是清代特有的一种服饰，属于外套，无领、大襟、窄袖。长至膝的叫长褂，又名礼褂；长至腰间的叫短褂，又名马褂，便于骑马。马甲是无袖短衣，又叫"背心"、"坎肩"，男女都可以穿，襟式有对襟、大襟、琵琶襟等多种。瓜皮帽，明代男子服装的仅存硕果。小帽本来是明朝无身份的百姓首服，士大夫一般不戴。但清代严禁方巾，小帽就变成了无论贵贱皆可以戴的常服帽。

---

① 《砚见堂见闻杂录》。

男装款式 200 余年中变化不大。主要变动在于领部与花色的变化。清末以前，男子的服装一般都无领，需要戴领时，领口另加"领衣"，领口样式与后来的中山装颇为近似。领衣左右到肩部，前门襟对开并有扣袢，因其形状与牛的舌头相似，又名"牛舌头"。后来在便装上发展出直接缝合在领口的立领，因为形似元宝，叫做元宝领。在款式方面，清初款式尚瘦长，顺治末时减短至膝，不久又加长至脚踝。受汉族服装传统观念的影响，款式逐渐宽松，有的袖口已经长达一尺多。到清末，又受西装影响，变得越来越紧瘦，长盖脚面，袖仅容臂，瘦到极致时，连下蹲抬臂都困难。当时的《京华竹枝词》曾取笑说："新式衣裳夸有根，极长极窄太难论，洋人着服图灵便，几见缠躬不可蹲。"服装花色早期多天青，至乾隆中期流行玫瑰紫，乾隆末期在福康安引领下开始流行福色（深绛色）[①]。此时的扬州俨然已是中国的时尚之都，"著衣尚为新样，十数年前（乾隆初）缎用八团，后变为大洋莲、拱壁蓝，颜色在前尚三蓝，朱墨、库灰、泥金黄，近尚高粱红、樱桃红，谓之福色。"[②] 嘉庆时，又流行香色、浅灰色，夏天则流行棕色。咸同中期，流行蓝、驼、酱、油绿、米等色。至清末光宣时，则流行宝蓝、天青、库灰色。

2. 女子服装款式

清代女装由于"十从十不从"之故，存满、汉二式，满、汉两族女子基本保持各自的服装形制。满族妇女穿长袍，满族女子所穿的长袍为满族传统的旗装，外罩马甲，脚着马蹄底（或花盆底）鞋，头戴达拉翅。汉族早期仍沿用上衣下裙或上衣下裤的明末式样。随着时代变迁，满、汉女装也逐渐发生融合。汉式女装

---

① 《啸亭杂录》。
② 《扬州画舫录》。

的大袖变成了直筒袖,斜襟变成了大襟,装饰越来越繁复;满式女装也发展出"衬衣"、"氅衣"等不同于以往的新样式。

图6 清末贵族妇女合影

汉族女子的服装仍沿用明代形制,基本为上衣下裳制,上身着袄、衫,下身束裙,或上衣下裤,内穿肚兜或贴身小袄。小袄为棉布或丝绸质料,颜色多样,妇女所着以鲜艳颜色居多。清代"抹胸"又称"肚兜",一般做成菱形,下呈三角形,遮住小腹。肚兜只有前片,后背袒露,其材质以棉、丝绸居多。肚兜上有各类精美刺绣,如将虎、蝎、蛇、壁虎等图案绣在兜肚上以驱邪,还有表达情爱的荷花、鸳鸯等图案。肚兜用带子系,上部套在颈间,腰部的两个尖角各有两条带子根据肥瘦在腰后打结,系带的材质各异。带子为百姓常用,富人多用金链,中等之家用银链和铜链。裙子种类繁多,有百褶裙、马面裙、弹墨裙、凤尾裙等,还有一种"月华裙",每褶各用一色,用色素淡,像淡淡的月光。清代李渔在《闲情偶寄》中对月华裙有这样的描述:"吴门新式,又有所谓'月华裙'者,一裥之中,五色俱备,犹皎月之观光华也,予独怪而不取。人工物料,十倍常裙,暴殄天物,不待言矣,而又不甚美观。"此外,劳动女性与下女多不穿裙,下裳以裤为多。

图7 1908年的汉族女子服饰

云肩,妇女披在肩上的装饰物,早在五代时已有,元代舞女也喜穿用,据《元史·舆服志》记载:"云肩,制如四垂云。"到了明代,云肩成为女子衣服上的装饰。清代妇女在婚礼服上多用云肩,清末江南妇女梳低垂的发髻,恐衣服肩部被发髻油腻沾污,故多在肩部戴云肩。清李渔在《闲情偶寄》中云:"云肩以护衣领,不使沾油,制之最善者也。但须与衣同色,近观则有,远视若无,斯为得体。即使难于一色,亦须不甚相悬。若衣色极深,而云肩极浅,或衣色极浅,而云肩极深,则是自分判然,虽口相连,实同异处,此最不相宜之事也。"贵族妇女所用云肩,制作精美,边缘做成各种花瓣的形状,或结线为璎珞,一般都在边缘垂下丝穗。慈禧有一件心爱的云肩,是用又大又圆的3500颗珍珠穿织而成。

清代服饰的特点是繁复富丽,讲究吉祥,在衣服上也刺绣吉祥纹样，典型的如如意纹样。衣服上还会织出"福"、"禄"、"寿"等字样。此外，要特别指出的是，清代服饰纹样细密繁琐，与欧洲同时期的罗可可服饰有着异曲同工之妙。此时女子服装喜欢在领口、袖口、下摆等处嵌边，从"三镶三滚"到"五镶五滚"甚至到"十八镶滚"，到达极致时甚至看不到衣服本身的面料。据江苏巡抚对苏州地区的风俗衣饰《训俗条》中称："至于妇女衣裙，则有琵琶、对襟、大襟、百裥、满花、洋印花、一块玉等式样。而镶滚之费更甚，有所谓白旗边，金白鬼子栏杆、牡丹带、盘金间绣等名色，一衫一裙，本身兰价有定，镶滚之外，不啻加倍，且衣身居十之六，镶条居十之四，一衣仅有六分绫绸。新时固觉离奇，变色则难拆改。"

浅析民国时期服装款式、风尚以及时尚的传播途径

一、民国时期服装款式

"中华民国"的30余年岁月是一段特殊的年代,纷乱繁华而又特色鲜明,表现在文学上是文风的混杂,表现在建筑上是中西合璧的各式建筑,而表现在人们的穿着——服装上则是不同风格的杂糅。"中国人外国装,外国人中国装"、"男子装饰像女,女子装饰像男"、"妓女效女学生"、"女学生效妓女"等种种奇怪现象,是这个时代最好的注脚①。中西合璧是这个时期服饰的一大特色,这在很大程度上是受20世纪初"西风东渐"的影响。

1. 民国男装款式

民国初年,民国政府发出了《剪辫通令》,结束了280年的辫发习俗,而衣冠服饰形制也随之发生了巨大变化。民国时期的男装款式从大的层面上分,可以分为3大类:纯中式服装、纯西式服装和中西结合式服装,具体款式如下:

(1) 长袍马褂

长袍马褂是民国男子主要的中式传统服饰,此种装束的款式搭配如下:里面上穿长袍(长度一般在脚面之上),下着中式长裤,长袍为直筒形、两侧开衩,有单、夹、棉三式。外套马褂或

---

① 《申报》,1912年3月20日版。

马甲，二者皆短，长度在腰节以上，马褂有袖，马甲无袖。头戴六棱瓜皮小帽，脚着中式布鞋，根据季节有单、棉之分。

(2) 衫袄与长裤

衫袄与长裤也是纯中式的传统服装，是劳动阶层人民的典型装束。上穿短衫或袄，下着挽腰的中式长裤，衫袄与长裤随季节有单、夹、棉之分，很多老年男子在穿着时经常用绑腿将裤脚缚住。

(3) 长袍西裤

长袍西裤是一种中西结合的服装，其款式为传统的长袍与西式长裤的组合，与此相配的是西式的帽子与皮鞋。穿这种衣服的初为教师、学生等知识分子以及工商界人士，但到后来就非常普遍。

(4) 中山装

如果说长袍西裤只是在搭配上的中西合璧，那么中山装就是从款式到结构真正意义上的设计，是民国时期中西结合的典范。据传中山装是在孙中山先生亲自主持下设计而成的。这种款式参照中国传统服饰特点，吸收南洋华侨的"企领文装"以及西方的服装样式，在设计上本着"适于卫生，便于动作，易于经济，壮于观瞻"的原则，因此得名"中山装"。

中山装是一款对襟长袖上衣，领子为立翻领，前门襟扣子初为9粒后改为7粒，最后定为5粒，4个翻盖贴袋，袖口有3粒扣，后片不破缝。

中山装使穿着者挺拔修长，并有一种儒雅之感，但它的重要意义不仅于此，这还是一个具有政治色彩的款式，其部件与结构都有着它的特定含义。4个口袋表示国之四维，即礼、义、廉、耻。5粒扣代表区别于西方三权分立的五权分立，即行政、立法、司法、考试、监察的分立。袖口的3粒扣表示三民主义，即民族、民权、民生。后背不破缝表示国家和平统一的大义。

(5) 西服套装

西服套装是一种纯西式的服装，一般内穿衬衫马甲，外穿西服，下着西裤，脚蹬皮鞋，有的人还搭配西式礼帽与文明棍。西服套装是用纯西式立体裁剪方式做成，较为贴体合身，多为洋行、机关办事员、留学生、教师所穿着。

(6) 各种制服

民国之初，民国政府仿照西方服装模式，颁发了一系列的服制条例：民国元年十月公布了陆军服饰；民国二年一月公布了推事、检察官、律师服制；民国二年三月，公布了地方行政官公服、外交官、领事官服饰制度；民国四年公布了监狱官以及矿警、航空服制；民国七年公布了警察服制、海军服制。这些仿效西式服装并作了一些中国式改良的服装是民国时期的一大特色。因其种类繁多，在此不一一列举。

2. 民国女装款式

近几年关于民国时期的影视剧非常风行，2000年王家卫的一部《花样年华》把这股风尚推到了极致。片中数十款美丽的旗袍把张曼玉摇曳的风姿衬托得更加妖娆。据说这些旗袍都是拿珍存下来的老布为面料，请上海手艺绝佳的老艺人精心制作而成，力求还原当时的风味。整部片子弥漫着一股淡淡的迷离与凄美的味道。片子很好，但总觉得张曼玉所扮演的苏丽珍是被概念化和妖异化的旧时上海女人——不是旗袍颜色上那让人眼花缭乱的过分绚烂，也不是太过收紧贴身的造型（据说女主角穿着这些美丽的衣服时都不敢吃得太饱或是过分的运动），只是觉得这并不像"真实的"民国时期的上海女人。反而是在多年前由张爱玲的同名小说《红玫瑰与白玫瑰》改编、由赵文瑄和陈冲主演的同名电影中，女二号叶玉卿把振保的妻子烟鹂演绎得丝丝入扣，像极了那个时代的上海女子。"白玫瑰"的那不甚丰满的胸、袅娜但单薄的身子、优越（优越是那时的上海女子所特有的共同特质）又有点幽怨（幽怨是得不到丈夫的喜爱的个人特质）的神态，和我们在老电影和老月份牌上看到的民国女性那么相像，达到了一种气质上的神似。

（1）袄裙装

袄裙装是来自于中国传统服饰的一种款式，沿袭上衣下裙的基本形制，为短袄和裙子的搭配形式。短袄为右衽，长度一般只到腰部以下，有蓝、白等色，袖长在肘部以下，多为倒大袖；衣身下摆成弧形。下配的套裙多为黑色或深蓝色，多打褶，长度及脚踝或小腿处。注重修饰的人，还在短袄的衣襟和边缘施以文绣和花边，并在裙子上绣花来装饰。辛亥革命以后，大城市的青年女士逐渐删减袄裙装上的缘边与装饰，裙子以黑色为主，素净简约，为"文明新装"。

图8 穿袄裙的女子形象

（2）上衣下裤

上衣下裤也是这个时期妇女的典型穿着，穿着者多为劳动女性。上衣为大襟，一般较长，至膝盖的位置。下面的裤子根据穿着者的不同有所变化,一般来讲,劳动阶层妇女的裤子更为紧窄。这种衣服的材质既有绫罗绸缎,也有普通的粗棉布,富裕阶层用前者,并施以滚边、刺绣、镶嵌等工艺;贫苦阶层用后者,一般没有什么装饰。

(3) 改良旗袍

改良旗袍是将满族的传统旗袍与西方的立体裁剪技术相结合的一种服装。旗袍的现代化开端是由倒大袖旗袍开始的,这种旗袍的袖子和腰身都很肥,还没怎么进行收腰、捏省的处理,没有什么美感。张爱玲曾用诙谐的语气解释了20世纪20年代初,这种毫无曲线可言的大袍子流行的原因:"一截穿衣与两截穿衣是很细微的区别,似乎没有什么不公平之处,可是1920年的女人很容易就多了心。她们初受西方文化的熏陶,醉心于男女平权之说,可是四周的实际情形与理想相差太远了,羞愤之下,她们排斥女性化的一切,恨不得将女人的根性斩尽杀绝。因此初兴的旗袍是严冷方正的,具有清教徒的风格。"[①]

从20世纪20年代中期开始,改良旗袍朝着紧窄合身的方向演进,腰部收紧,增加了胸省和腰省。衣长也有改变,袍身缩短,从至踝骨处到后来的膝盖以下。袖子也是从最初的倒大袖进而改成半袖,并且越来越窄,甚至后来出现没有袖子的款式。1931年,上海兴起了"旗袍花边运动",这主要是从装饰风格上对旗袍进行改良。一般是在旗袍的领口、袖口、前胸和下摆等部位进行挑花、补花、缀亮片、镶滚边、加精致的蕾丝花边,打造一种繁复富丽的服装风格。

(4) 西式服装

如果说短袄套裙是中国式的服装、改良旗袍是中西合璧的服装,那么西式服装就是纯粹的西洋式衣服了。一般包括西式的连

---

① 《更衣记》,载《古今》,1943年12月半月刊第34期。

衣裙、礼服裙、西式外套、西式大衣等。其中，西式外套既有毛呢料子的长短上衣，也有每家主妇编织的针织"绒线衣"。而西式大衣除了一般的面料外，还有裘皮质地，颜色繁多，领型各异。西式服装因其"时尚"与"摩登"，成为当时中上阶层妇女以及时髦女子的挚爱。与其搭配的是各色皮鞋、手筒、宝石或钻石胸针等服装随件及饰品等。

二、民国时期各类女子着装风尚

相对于男装，民国时期的女子着装更为精彩。"还有一点可以指出，男子的衣服，经若干年的演化，已达到一个固定的阶段，式样色彩大概是千篇一律的了，某一种人一定穿某一种衣服，身体丑也好，美也好，总是要罩上那么一套。女子的衣裳则颇多个人的差异，仍保留大量的装饰的动机，其间大有自由创造的馀地。"[①] 因此，要了解民国这个中西方服饰融合的重要时期，最好从此时期各类女子着装入手。

民国时期的中国，有五类典型的女子着装是不容错过的，它们是青楼女子的着装、电影明星的着装、名媛淑女的着装、女学生的着装和中产阶级女性的着装。而服装的流行基本由这其中的三类女性所引导：一是青楼女子（主要是高级妓女）；二是电影明星；三是知识女性（名媛淑女和女学生）。

1. 脂粉风尘——青楼女子着装

"就说我吧，出去时头上戴一根大簪，三排小簪，每排是四

---

① 梁实秋：《雅舍小品》之《衣裳》。

根，全都是翡翠的。梳着五套头——当时最时兴的样式——劲上挂金链，带着珐琅银表。冬天穿狐裘都是按着颜色深浅替换。我耳朵上带的那副牛奶珠坠子就值几千两。"

——刘半农等：《赛金花本事》

清末民初，封建思想还深深地禁锢着人们的思想，尤其是处于附属地位的妇女，在穿衣上的禁忌很多，但有一类女性是例外，那就是青楼女子。青楼女子是这个历史时期一个独特的团体，20世纪30年代仅上海的妓女总数就达到10万余人。她们的谋生方式使之具有较良家妇女更多的自由度，也使之必须花费心思打扮自己以在众多的同行之中胜出。但青楼女子也分为很多等级，只有高级妓女才有时间、精力、财力和"特权"去巧心装扮自己。[1] 从清朝末年到民国初年，高级妓女是时尚舞台上翻云覆雨的"明星"，"男则宽衣大袖学优伶，女则倩服效妓家"，是当时一种非常普遍的现象。而普通的民间良家妇女，一方面鄙夷她们的生活方式；另一方面也对其产生好奇——先是好奇她们的生活，接着就开始好奇她们的穿着打扮，于是在鄙夷之余也纷纷仿效。而她们在着装方面是具有层出不穷的想法的：一会儿浓丽、一会儿清雅、一会儿着男装、一会儿着学生装，新奇的装束时出时新，而普通的民间女子因猎奇的心理也罢、爱美的心理也罢，模仿得不亦乐乎。

青楼女子的服装不仅款式新颖而且品类繁多：有普通的袄裙、改良旗袍、日本装、粤装、西装，甚至道姑装，等等。20世纪20年代甚至出现妓家一经推出新装（妆），不出一周全市女

---

[1] 当时上海妓女的分类比较严格：其中等级最高的称为"书寓"，差一等的为"长三"，中间的为"幺二"，下等的有"野鸡"和"台基"，其中能有精力、物力与财力装扮自己，并推陈出新的只有最上等的"书寓"。

性竞相效仿的奇观。相传"凤仙领"就是被称为"民国侠妓"的"小凤仙"所创。这种领子高高竖起，不仅遮住整个脖颈还能遮住一小部分脸颊，使穿着者的面部显得细小而惹人怜爱，因此这种领式被良家妇女所普遍借鉴。

民国时期，针对女装这股风尘化的倾向，当局也作出了反映。上海《时报》1918年5月14日刊登了上海市议员汪确生致江苏省公署的一封信——"妇女现流行一种淫妖之时下衣服，实为不成体统，不堪寓目者。女衫手臂露出一尺左右，女裤则吊高一尺有余，乃至暑天，内则穿一粉红洋纱背心，而外罩一有眼纱之纱衫，几至肌肉尽露。此等妖服，始行于妓女，妓女以色事人，本不足责，乃上海之各大家闺秀，均效学妓女之时下流行恶习。妖服治容诲淫，女教沦亡，至斯已极。"但屡禁不止，由此可见高级妓女的着装是民国女子服装风格的一个组成部分。

2. 风华绝代——电影明星着装

"灵心绝世，是华开见佛之才，今日者裙展联翩，香云馥郁，莫不欢从掌起，喜共眉舒……蒙女士现毫端之艳彩，色相示人，舒口角之春风，歌音餍众……"

——1933年蝴蝶的"电影皇后"证书评语

1905年，中国第一部电影产生，它就是由丰泰照相馆拍摄的《定军山》，此后这个被称为"影戏匣子"的艺术形式迅速风靡中国。随着这种独具魅力的媒体传播方式在中国的流行，引导女装风格的人就变成了能够开风气之先的明星了。通过荧屏和纸质媒体，这些具有娇媚面容、袅娜身姿的可人们，其形象被大范围地传播。周璇、阮玲玉、胡蝶、梁赛珍、陈燕燕、王人美、陈波儿、顾兰君、张织云、谈瑛、夏佩珍、袁美云、黎丽丽、黄

浅析民国时期服装款式、风尚以及时尚的传播途径

图9 穿旗袍的影星阮玲玉

英、林楚楚……作为一个特殊的群体，她们活跃在银幕内外：在银屏上，她们绽放迷人的光彩；银幕下，她们的举止言谈、穿着装扮无一不为当时女性所争相仿效。上海的《良友》画报经常刊登这些女明星的玉照，第一期就是以影星胡蝶作为封面的。在风格上，女明星们的着装在当时是最为前卫与国际化的。她们中多为勇敢接受外来文化的摩登女性，敢于穿着稍作改良的、裸露部分肌肤的西式连衣裙，甚至有把当时露颈、露臂、半露酥胸的性感礼服直接"拿来"的大胆举措。除了西式的礼服与泳装外，中式的改良旗袍也是女明星们常穿的款式，与普通的女子相比，明

星们的旗袍更加讲究也更为大胆，更注重装饰的效果以及色彩的对比，还有的是将西方服装元素与旗袍款式进行"嫁接"，自有一番动人的韵味。

3. 传奇——名媛淑女的着装

"在政治混乱期间，人们没有能力改良他们的生活情形。他们只能够创造他们贴身的环境——那就是衣服。我们各人住在各人的衣服里。"

——张爱玲：《更衣记》

这里的"名媛淑女"指的是出身大户世家或书香门第的小姐。她们可能待字闺中，也可能嫁为人妇；她们可能有正式的职业，也可能留在家中，从事社会或慈善等活动。但无论哪种情况，此时影响到服装风格的名媛淑女，是容貌端秀、风姿绰约、气质优雅的一个特别的群体，是一般女性羡慕和模仿的对象。

我们不能不承认这真是一个盛产名媛淑女的年代——历史的底片上留下了那么多美丽娇媚、学贯中西、才华横溢的女子的倩影。1927年，名门闺秀宋美龄与蒋介石成婚，其婚礼上所穿的那袭礼服，是典型的中西合璧的款式。她身穿白色改良旗袍，头戴西式的头纱，具有一种典雅的气质。这种将头纱压在眉端的设计，在今天看来也许并不好看，但因穿着者的缘故该款式几乎成为当时女子婚纱"制服"，连彼时的卡尔登照相馆广告的标志都是一个穿着这一款式的女子胸相侧影。一代才女林徽因也是在自己大喜的日子里表现出其在穿着上的不凡——她是穿着一款自己设计的、中西合璧风格的新娘婚衣嫁给梁思成的。从我们能够看到的林徽因的传世照片中，可以看出她在学生时期穿着较多的为短袄套裙，长成后多为改良旗袍，还有西式的呢子大衣、皮草大

浅析民国时期服装款式、风尚以及时尚的传播途径

图10 民国初年的纯西式和纯中式结婚礼服对比

衣以及绒线背心等，这些也是彼时名媛淑女的典型装束。

　　23岁就以其傲人的文采轰动上海滩的作家张爱玲，在穿着上的大胆可谓海内闻名。也许是她名门之后的出身给了她异于普通小家碧玉的眼界，她在着装上具有一种超凡的见解以及大胆的实行力。她对服装的描写用词准确生动，透露出诗意与不凡的艺术眼光，如"黄的宽袍大袖，嘈切的云朵盘头；黑色绸底上装嵌着桃红的边，青灰长裙，淡黄玳瑁眼镜；如意镶边的宝蓝配着苹果绿色的绣花袄裤"。除了家庭的浸润外，其自身对于"美"的敏感度与独特的品位也使她对服装的理解异于常人："有一种橄榄绿的暗色绸，上面掠过大的黑影，满蓄的风雷。还有一种丝质的日本料子，淡湖色，闪着木纹、水纹；每隔一段路，水上飘着两朵茶碗大的梅花，铁划银钩，像中世纪礼拜堂里的五彩玻璃窗画，红玻璃上嵌着沉重的铁质沿边。"张爱玲对服装非常感兴趣，曾写过一篇专门介绍民国时期着装的文章——《更衣记》。除了身穿自己设计的颜色艳丽、款式大胆的服装外，她还亲自为自己的小说画插图，画中女子神态微妙、着装各异，逼肖小说中的人物形象。

图11　穿着中式服装的张爱玲

4. 豆蔻年华——女学生着装

"女学生由祖父方面所知道的是这样一种人：她们穿衣服不管天气冷热，吃东西不问饥饱，晚上交到子时才睡觉，白天正经事全不作，只知唱歌打球，读洋书。"

——沈从文：《萧萧》

女学生们从清末以来也一直是引领时尚的先锋："（清朝光绪

末年）女学堂大兴，而女学生无不淡妆雅浮，洗尽铅华，无复当年涂粉抹脂之恶态，北里也效之。"① 到了民国时期，就连青楼女子都以穿女学生装为荣。她们是这个时期的一个较为特殊的群体，这种特殊也正是因为她们"女学生"的身份——毕竟在男女不平等的那个年代，能够接受教育的女性还属少数。在作家沈从文先生写于20世纪20年代末的小说《萧萧》中，就多次出现了作为与女主人公"童养媳"萧萧相对应的一个群体——"女学生"，萧萧对虚写的"女学生"有着一种发自天然的向往与羡慕，这也代表了当时大部分女性对这个群体的看法——对她们能够冲破封建礼教束缚、走出闺房融入社会的钦慕。

相比于一般女性，女学生们有知识和见解、能够迅捷地吸收新思想和外来的流行，因此有条件成为时尚的领导者，其中尤以教会学校的女学生最为时髦。她们一般英文流利，能直接看懂好莱坞影片并能接受和直接消化其中的风尚，还有外籍教师为其讲授西方的风俗礼仪、穿着打扮。这些特殊的教育环境为其成为时尚的先锋创造了优越的条件。

20世纪20年代女装领域流行"文明新装"，女学生是这种装束的创造者。它的具体款式其实就是袄、裙的组合，上衣为白色或浅色短袄，长可及腰，有方摆与圆摆两种，袖长过肘，妩媚婉约。下着黑色或深色裙子，有打褶和不打褶两种，但都不施以文绣，脚穿白袜和黑色偏带布鞋。此外，不戴簪环首饰也是这种装束的特点之一。这种简朴的着装风格，首先由京、沪等大中院校的女学生倡导，并逐渐普及到一般的女性。

但女学生对时髦的追求之路也并不平坦。1913年前后，些女学生夸张的着装风格使得教育当局认为有伤风化，特规定："在校生一律用布服，不得僭用绸缎，发髻求整洁不得为各种矜

---

① 《清稗类钞·服饰类》。

图 12　穿着文明新装的女学生

奇炫异之样式。"粤教育局甚至规定："……此后除中学以上女生必须着裙外,其小学女生凡 14 岁以上已届中学生年龄者亦一律着裙,裙用黑色,丝织布制均无不可,总须贫富能办,全堂一致以肃容止。"

5. 太太万岁——中产阶级女性着装

"旗袍搀合西式,紧俏伶俐,袍上的花纹是淡红浅绿横条子间着白条子,花得像欧洲大陆上小国的国旗。手边茶几上搁一顶

浅析民国时期服装款式、风尚以及时尚的传播途径

阔边大草帽,当然是她的,衬得柔嘉手里的小阳伞落伍了一个时代。"

——钱钟书:《围城》

中产阶级女性服装是民国时期女装的一个重要类型。她们的服装代表了具有一定社会地位和经济能力的中产阶级的穿着水平。中产阶级女性服饰风格的基调是中西结合,主体服装以改良旗袍为多,她们一般都有相熟的裁缝,其旗袍都是经过量体裁衣而成,相当于我们今天一对一的"定制"的概念。这些旗袍在款式、结构和选料上都非常讲究,面料与花色均按照当下最为流行的样式,再进行一些细节的修改与完善。从一些传世实物照片中,我们可以看到装饰有大量进口蕾丝的美丽旗袍,有些图案即便今天看来都毫不过时,非常时髦。与外穿的旗袍款式长短、颜色深浅相配,她们有各色的旗袍式衬裙,一些还是领口为吊带的露肩款式。

除了旗袍以外,针织衣、西式连衣裙、呢子大衣、短外套等也都是中产阶级太太衣橱中的必备品。她们也有很多与服装搭配的配饰,有各种风格的帽子、皮鞋、布鞋、长短手套、阳伞、胸花、手袋、腕表等。穿什么样的衣服配什么样的手套、打什么样的阳伞、戴什么样的首饰?既遵循一定的法则又不囿于一定之规,其中仅皮鞋就有皮凉鞋、皮靴、高筒皮靴、网眼皮鞋等各种款式可供搭配。

中产阶级女性属于有钱有闲追求时髦的一个群体,因此对服装风格的变化非常敏感,《围城》中的孙柔嘉只在内地的三闾大学待了短短的一个学期,回到上海后就发现——"那件旗袍太老式了,我到旅馆来的时候,一路上看见街上女人的旗袍,袖口跟下襟又短了许多。"因此,非常着急地要做新袍子。

图 13　穿着西式呢子大衣的中产阶级女性

三、时尚的传播途径

1. "云想衣裳花想容"——女装公司

"风气一开,规模很大,当年静安寺路、同孚路(今南京西路、石门二路)一带,都有第一流的时装公司,其中以云裳、鸿翔为最著。"①

——曹聚仁:《上海春秋》

---

①　曹聚仁:《上海春秋》,上海人民出版社,1996 年版。

浅析民国时期服装款式、风尚以及时尚的传播途径

"还有人和里我看中了一种料子,只要去信给田先生,他知道给染什么颜色。染得了,让拿出来叫云裳按新作那件尺寸做,安一个嫩黄色的极薄里子最好……"①

——徐志摩

(1) 云裳公司

20世纪早期,上海的女子时装店主要集中在公共租界的静安寺路从西摩路口(今陕西北路)到同孚路口(今石门二路)这一段上,一家拥有极端浪漫、理想化名字的女装公司——云裳公司就坐落在静安寺路上。

"云裳"这个浪漫而贴切的名字,取自李白的名句"云想衣裳花想容,春风拂槛露华浓"。1927年,诗人徐志摩前妻张幼仪筹建了这个"空前之美术服装公司"(即"云裳公司")。与其他服装店相比,"云裳"开业较晚,但却最具时代特色和浪漫精神:它以20世纪20年代最具号召力的词语之———"美术"作为自己的招牌特色。

"云裳"在经营中主要把握以下3个原则:一是采取世界最流行的装束,参以中国习惯;二是材料尽量采用国货,以外货为补助品;三是定价力求低廉,以期普及。第一点是设计风格上的要求,兼顾了西方流行与中国的习惯;第二点确立了作为材料的国货面辅料的主体地位;第三点是合理的价格,使普及成为可能。

云裳公司还承办社交、喜事、跳舞、家常、旅行、电影等各种场合的新异服装鞋帽及配饰,并打出诱人的广告——"要穿最漂亮的衣服,到云裳去;要配最有意识的衣服,到云裳去;要想最精美的打扮,到云裳去;要个性最分明的式样,到云裳去。"

---

① 徐志摩:《爱眉小扎》,"一九二八年六月十七日自神户途中"一节。

这广告词可谓深谙女性爱美爱新的心理。

图 14　云裳公司广告

在公司的运作上，具有经营意识与商业头脑的张幼仪任经理，请留学回国的江小鹣负责设计，"……里面有一位从法国和日本专学美术回来的江小鹣先生，心裁独出，花样新翻……"请当时上海的名媛唐瑛负责宣传——由她穿着"云裳"的服装参加各种社交活动来做"活广告"。名媛的带动作用奇佳，再加上以不定时的新式时装表演进行推广，一时间上海的新女性纷纷以穿"云裳"时装为荣，形成了独特的"云裳"风格。其风格特点一言以蔽之，就是符合时代需求的"中西合璧"式。如以精美的国货面料设计出适合不同季节穿着的棉、毛、单、夹，以及丝绸质料的各色大衣与旗袍进行搭配，既典雅又时髦，因此深受彼时女性的喜爱。

浅析民国时期服装款式、风尚以及时尚的传播途径

"云裳"是一个有个性的品牌，它是由具有一定文化的有闲阶级所创建的，带有一定的理想气息。而多数先于时代的事物都容易夭折，"云裳"也不能幸免。在20世纪30年代中期，过于理想主义又过于浪漫的云裳公司从静安寺路122号迁到680号，转手给了做服装本行的人去经营了，"云想衣裳花想容"的浪漫"云裳"终于陨落了。

（2）鸿翔服装店

"敝公司创始于十八年，五年以前，专制欧美女士服装。近来鉴于国人服装日新月异，因此兼辟时装，经营以来，素抱提倡国货为标志……为国内女界谋美化服装之普遍。"

——鸿翔公司广告

鸿翔服装店的历史最早可以追溯到1917年，是年上海浦东南汇的金鸿翔、金仪翔兄弟在静安寺路张家花园附近租了三间平房，开办了一个女式西服裁缝店。随着生意的日渐兴隆，平房被翻改成了三层的小楼房，到了1928年把店面扩大成了五开间，并挂出了鸿翔时装公司的牌子。

鸿翔采用前店后厂的经营方式，一方面能及时地与顾客交流、了解市场，另一方面也能把订单和顾客的意见及时地反馈给工厂。金氏兄弟为上海著名裁缝师傅赵春兰的第三代传人，具有高超的服装制作技艺，他们经常亲临工厂给予工人指导和监督，力求精工细作，保证质量，打出品牌的信誉，使营业额节节攀升。

从面料、设计、制版到店面陈设，以及服务，鸿翔无不精益求精：他们的面料种类非常齐全，有进口的，有国产的，有定织定染的，无论哪种都必须是优等品。店面是三层的小楼，大玻璃窗顶天立地，人们能从外面看到店里面料、模特的陈列，起到了很好的宣传作用。鸿翔公司还稳中求变。在以金鸿翔为主要设计

师的基础上，广纳良才，甚至另辟蹊径聘请犹太人做女式时装的设计师，使公司的女装别具风格，无论款式、版型、制作都堪为上品。

金氏兄弟非常具有经营意识，当时沪上很少有服装店安有暖气，鸿翔就是其中之一。他们还把最新的款式陈列在店面里，吸引了众多的顾客。他们要求店员能用英语招待外宾、会开具英文发票，他们包装用的盒子是特别定做的，非常漂亮（颜色为雅致的灰蓝色，盒盖上印有商标，上面是一个地球，下面是一个穿长裙的跳舞女人）。鸿翔公司还为顾客开设代购衣料、备料定制和成衣销售业务，并根据不同的客人需求耐心地为其推荐适合的款式和面料，大大地增加了营业额。在以上的相关服务方面，都基本能够与国际接轨。

鸿翔公司还十分注重宣传效应。他们邀请"电影皇后"胡蝶穿着一套公司生产的绣有 100 只彩蝶的礼服，在百乐门舞厅进行表演，顿时声名远播。他们还在英女王伊丽莎白二世新婚时赠送了中国所特有的绸缎礼服以示庆贺，女王随之寄来亲笔签名的谢函，一时间，鸿翔公司蜚声海内外。除此以外，金氏还让仪容端庄的少女穿着本店的服装在店堂进行时装表演，开沪上时尚之先锋。

到了 20 世纪 30 年代，鸿翔公司把自身的西服工艺糅合到传统的中式旗袍款式中去，使穿着的女性既富有东方女性的妩媚韵致，又兼具西方女子的凹凸曲线。一时佳评如潮，甚受当时名媛淑女的青睐。1931 年，该公司的中式锦绣礼服获得了美国芝加哥国际博览会的银质奖章，还获得了好莱坞女性"贴身、工精、好看"的赞誉。1932 年，金鸿翔、金仪翔兄弟又在西藏路 703 号开设支店，后来把支店迁到了南京东路（今天的鸿翔时装公司东号），规模、人数和设备都有了进一步的发展，成为当时上海最红的时装公司之一。

2. "美女月份牌"——月份牌画

月份牌是以宣传和推销商品为最终目的一种广告形式，是一种非常具有地方特色的商业美术出版物。作为一种广告手段，它产生于19世纪中晚期，为满足倾销洋货的外商所进行广告宣传的需要而产生。起初商家希望通过西洋画片推销其产品，但因为种种原因收效甚微，于是就改用符合中国传统审美趣味的、突出民俗的年画的形式，如"八仙上寿"、"沪景开彩图"等。大部分的月份牌上，占据主要画面的不是商品本身，而是人物或其他风景。作为主角的商品只被放在不太显眼的地方，居于次要位置，甚至画中的人物与所要宣传的商品毫不相干，尤其美女月份牌更是如此——画家们最主要的任务反而是如何把美女画得更加娇俏动人。除了美女与风景外，他们在画中适当的位置印有商品、商标或商号，有的还标上农历和西历对照的月历，赠送给顾客，既美观又实用。一经推出就得到了消费者的喜爱，于是商家们使出浑身解数，使之更加精美。

20世纪20年代初，随着妇女地位的提高，女性形象成为月份牌中主要的选题，并突破了女性消费品领域，向日用、医药、器械甚至男士用品等领域进发。此时，名门淑媛在报纸、杂志上也是频频亮相，成为 道美丽的风景。20年代末，身穿倒大袖旗袍的清纯女学生，是当时时尚的佼佼者。

20世纪30年代是美女月份牌创作的黄金时期，明星与名太又成为描画的主角。当时著名的电影明星胡蝶、阮玲玉等，都曾作为模特原型走入月份牌画中。20世纪30年代月份牌中的美女是第二代都市女性的时髦代表。她们穿最流行的时装，用最新潮的物品，消费最时髦的消遣游戏。一时间，吸烟的美女、打牌的美女、郊游的美女、化妆的美女和抱囡囡的美女……五花八门，不一而足，充斥着人们的眼帘、丰富着人们的生活。

月份牌越来越流行，而时新的服装服饰、发型化妆也就随着身姿曼妙、纤秾适度的画中美女们的巧笑倩兮、美目盼兮而流行传播开来。比起对产品的宣传，月份牌似乎更像是最新时尚流行的招贴画，无论是对改良旗袍、发式、化妆还是时尚的生活方式的传播都是一种效果显著的宣传形式。

虽然20世纪30年代月份牌中美女时装造型已无定式——旗袍、洋装、裤装、泳衣、大衣都被涉及，但从审美效果看，改良旗袍仍是"她们"最主要的服饰，因为只有这种服饰才最能体现中国女性婀娜秀美的身姿和端庄美丽的风仪。

图15 广生行"双妹"月份牌画

20世纪30年代正值改良旗袍变化最为频繁的时期，于是月份牌这种特殊的宣传方式好像一个宣传站，不仅记录了旗袍的流行、变化，还推广了这种流行与变化。

从月份牌的绘画手段来看，它本身就是一个"混血儿"——它糅合了中国传统山水画的绘画技巧和西洋画的透视等理论。在月份牌画家中名声最为响亮的要数杭稚英先生（1901—1947），他画中的旗袍美女明眸皓齿、美艳动人，如广生行的"双妹"旗袍姐妹，亭亭玉立，婀娜多姿。当时比较著名的还有郑曼陀首创的擦笔水彩画法，成为月份牌画坛的经典技法。这种画法不特别强调明暗调子渲染，只用炭精擦出淡淡的素描关系，再敷之于水彩，使画中美女面容白里透红、光洁而细腻。到了民国时期，服装的一大特色就是东西方风格的杂糅。著名画家叶浅予曾经在《细叙沧桑记流年》一书的第三节"拜见画家郑曼陀和杭犀英"中，描述过当时的情景。

3. 杂志与电影

（1）杂志

"《良友》一册在手，学者专家不觉得浅薄，村夫妇孺也不嫌其高深。"

——时人评价《良友》

报刊等纸质媒体是此时的重要时尚推广力量，品种繁多，各有侧重[①]。20世纪初期的上海，最为著名的英文报刊有《North China DailyNews》和《The Shanghai Times》等。前者1846年由《North China Herald》改版而来，在当时的西文报刊界占有

---

① 当时的报纸杂志相当丰富，有《时报》、《大公报》、《立报》、《社会日报》、《晶报》、《东南日报》、《申报》、《新闻报》等。

举足轻重的地位。后者创办于 1901 年，有"Divertive Topics for Woman Home"和"Modes of the Moment"等服饰专栏，附有详尽的款式图和文字。彼时西洋人最为时新的服装样式和着装方式，乃至配饰化妆，都最先在这些杂志上"泊岸"。

中国的出版物主要是期刊画报。在 20 世纪前期这个阶段，涉及服装流行的著名刊物有《良友》、《申报图画周刊》[①]、《上海画报》、《时报》等。这些图文并茂、专供消遣阅读的生活杂志为人们提供了最新的国际国内的流行款式和时尚，起到了促进传播的桥梁作用。

《良友》创刊于民国十五年（1926），停刊于民国三十四年（1945），是我国最早的 8 开大型综合性画报，20 年间，《良友》共出刊 172 期，共载彩图 400 余幅、照片 32000 余幅，内容涉及近现代中国社会的发展变迁、世界局势的动荡不安、军政学商各界风云人物、社会风貌、文化艺术、戏剧电影。该刊物定期刊登画家们所创作的新款式以及国外最新的时尚流行服饰，并刊有当时的社会名流与歌舞明星的近照。

（2）电影

"（1925 年）近两年中，中国人往观美国影片者，其比例已由百之二五至六十。"

——美国第一影片公司代表克拉克，《申报》（1925 年 2 月 8 日）

1895 年，法国路易·卢米埃尔兄弟发明了无声电影，上海这个国际性的都市接受新事物的速度不可谓不快，翌年就引进了当时被称为"西洋影戏"的电影。洋人发明了能在平面上展

[①] 创刊于民国十九年（1930），停刊于民国二十一年（1932），主要是对当时上流社会妇女生活和海外资讯的报道：服饰新装、明星穿着、选美等不一而足。

现立体的人的电影——这个潘多拉盒子被打开后，国人一面惊诧于其科学的进步，一面兴奋于能如此形象地看到西洋人、西洋景和西洋的服饰。在1927年前后，中国的电影院已达到100多家，分布在10多个城市，共有近7万个座位。而上海更在20世纪30年代末期有虹口大戏院、新大光明影院、国泰、奥等、美琪等电影院近40家。欧美等国家的歌舞片和故事片是这些电影院一直放映的影片类别。玛丽•馥克碧、葛丽泰•嘉宝、费•雯丽、克拉克•盖博等好莱坞明星的穿衣打扮，随着他们的银幕形象给国人带来时尚的冲击与影响。电影这一新媒体开始在古老的中国大地上肩负起对时尚的传播作用。开始时因价格不菲，观者大多为女学生、年轻主妇和名媛名太，也因此她们成为剧中服饰的拥趸者和西方时装的中介者与推广者，时尚就这样流行开来。

附：

鸿翔设计裁剪技师朱秉良之子朱天明先生访谈录

2004年12月5日下午，我敲开了北京西直门附近的一个小小的院落，对鸿翔员工朱秉良之子朱天明进行了采访。朱先生中等身材，慈眉善目，眼睛熠熠有神，谈起父亲朱秉良、谈起鸿翔，朱先生好像有说不完的话，以下是朱先生和我的谈话，话题就从朱先生的父亲朱秉良先生开始了。

作者：我查阅了一些资料，您父亲朱秉良先生是新中国任命的第一代设计师？

朱：我父亲是1954年来的北京，当时正值公私合营，中央有关部门认为北京的服装公司不行，许多上海的公司迁京，我父亲就是被调到北京的，是北京第一代任命的服装设计师。到了20世纪60年代我父亲创造了连裁法，60年代初经济匮乏，这种节省布料的裁剪方法受到了人们的广泛好评，并被报道。

（朱先生一面说，一面为我拿出其父朱秉良先生被任命为"北京第一代服装设计师"的证书，以及一些报纸，计有：1964年《北京晚报》"六尺半布做一件男人民装"；1962年《北京晚报》、《工人日报》、《大公报》中"二尺布做件短袖衫"；1963年《北京晚报》"五尺布做一套连衣裙"。）

作者：您能谈谈您所知道的鸿翔的情况吗？

朱：鸿翔的衣服以女活为主，有旗袍、连衣裙、长短大衣、裘皮大衣、结婚礼服等，接受订制、定做。在那时去鸿翔得有钱才行，没钱是没法在那消费的。那的规格，怎么说呢？比现在的燕莎还高，不同的是批量基本不做，就做单活。鸿翔的衣服相当于现在五六千元一件，裘皮材质的要几万元，一般的衣服都上千元；最高档的是独一件的衣服。当时鸿翔的分店"万国"、"造寸"和"蓝天"等，都是当时非常著名的服装店。

鸿翔的师傅技术都非常好。他们还聘请过犹太人。我父亲是上海人，12岁开始在上海做学徒，学得一手好手艺，技术特别好，20多岁去了新加坡，在当地很有名。一次，金鸿翔问从新加坡回来的人："现在新加坡做得最好的是谁？"来人说是我父亲朱秉良，但是一般人请不动，当时我父亲是在魏迎春（音）处做。人家是无意地讲，但金鸿翔是有意地听。接着，他就开始打听我父亲何时回来。我父亲的家在上海浦东，有一次他从新加坡回上海探亲，金鸿翔开车去码头，我父亲一下轮船，他就迎上去接他，后来我父亲就开始在鸿翔做了。当时我父亲大概二十四五岁的样子。

鸿翔的手艺非常精湛。外国人来店里指着照片说："我就要这个。"或者是他们拿来做好的衣服或外国杂志上的样子，让鸿翔就照着样子做，鸿翔都能做到，效果能达到一模一样或者是相差无几。对于不同的服装样子、不同身材的穿着者，做出来的衣服都非常合适。

鸿翔有专门的领班在底下应活，店员都穿西装，服务都很周到。我父亲由于衣服裁得相当好，衣形抓得很准，是鸿翔的骨干之一。我父亲有一套班子，他穿中式的长衫招呼客人。来了客人，我父亲看人、量体，给我父亲配的助手周波根（音）负责画款式、标尺寸。鸿翔的面料种类很多：有进口的，有国内产的，有定织定染的，无论哪种都要求是优等品。当时鸿翔不仅是平面裁剪，立体裁剪也呱呱叫，鸿翔的礼服衬里都像当时外国一样有钢丝，有裙撑和蕾丝。

作者：您能谈谈您对鸿翔店面的印象吗？

朱：鸿祥的店面是三层的小楼，漂亮极了，大玻璃顶天立地，从外面能看到店里面；面料、模特的陈列都非常的漂亮，也起到了宣传的作用。除了前面三层的店，后面还有一个工厂，里面是做衣服的车间。前店、后场是当时上海服装店的共同特点。鸿祥店里有暖气供应，这也是同期上海其他的店铺所没有的。

前面的店面布置：一层是店，存有各种原料，还有国外进口的一些样本，有些是客人自己形容后，找负责人画出来的；二层是仓库和办公室，后面还有食堂；三层是鸿翔的重点，衣服都是在那做出来的。鸿翔包衣服的盒子是专门定制的，商标是一个地球，下面有一个跳舞的女人，穿着连衣裙，非常雅致的灰色调和蓝色调。

作者：您认为鸿翔在经营上有什么独特之处？

朱：鸿翔重视质量，重视款式，而这些都一定得有人才，所以鸿翔也非常重视人才。非常重要的一点就是对人才的重视。鸿翔招募优秀人才，遵循的是"以质量求生存，以款式求发展"。就拿我父亲为例，因为家里有事，父亲几次请辞，但几次鸿翔都不让他走，对人才是苦苦挽留。

在采访快要结束的时候，可能是抚今思昔深有感触的缘故，朱先生感慨地说了一句："中国老一辈裁剪技术非常精湛，不逊于西方，但没有继承下来，可惜啊可惜。"

从唐代壁画人物着装看胡服对汉族服装的影响[①]

一、唐代壁画中的胡服形象

土葬是中国古代中原地区一种比较普遍的丧葬方式。唐代很多贵族与皇族的墓室仿照主人生前的居室建筑,并随葬有大量物品。此外,墓室的墙壁中还绘有大量仕女、给使、门吏等,他们认为这能够使死者到"另一个世界"后仍有人服侍。这可以视为古人"事死如事生,礼也"的传统思想体现。我们从这些墓室壁画中可以看到当时人们的生活场景,包括他们的形象、穿着以及化妆。以下试述几个典型的例子。

1. 唐昭陵韦贵妃墓壁画中的胡服形象

韦贵妃墓[②]壁画《备马图》中有二人一马,此二人从面部五官来看似为胡人,五官较为夸张。右侧者无首服、头发卷曲,穿圆领袍衫,足蹬皮靴;左侧者头戴幞头,浓眉、立目、短须,穿土黄色右衽翻领胡服,足蹬类似今日皂鞋的鞋履。

---

① 本文为中央民族大学"211工程"三期重点学科建设项目"中国少数民族服饰变迁、融合与创新研究"阶段性成果。

② 韦贵妃(597—665),唐太宗李世民贵妃,贞观元年(627)册封为贵妃,永徽元年(650)册封为纪国太妃,麟德二年(665)薨于洛阳,享年69岁,次年陪葬昭陵。该墓1990年被发掘。

周梦民族服饰文化研究文集

图 16 《备马图》局部

2. 唐章怀太子墓壁画中的胡服形象
（1）《客使图》中的胡服形象

《客使图》又名《礼宾图》、《迎宾图》，为唐章怀太子墓[①]墓道东壁壁画。一般认为，此幅壁画描绘的是唐代的外交机构鸿胪寺官员接待外国使臣与我国少数民族使节的场景。此壁画长 185 厘米、宽 242 厘米，色彩绚丽、人物身份复杂。画中共有 6 个人，从装束上看，左面 3 位似为唐代官员，头包巾帻、上罩漆纱

---

① 章怀太子李贤（654—684），唐高宗第六子，母为武则天，文明元年被其母所逼自尽于巴州，于神龙二年（706）葬于乾陵。章怀太子墓位于今陕西省乾县乾陵乡杨家洼村，1971 年被发掘。

56

从唐代壁画人物着装看胡服对汉族服装的影响

笼冠；身着上衣下裳制之袍服，上衣袖身肥大，下裳曳地、围蔽膝，腰悬绶，足蹬歧头履。左三之官员手持笏板，3人作交谈状。右面3位似为外国使节与少数民族使臣，一人两手交叠握于胸前，两人双手合于胸前作拱手状。右一使臣头戴皮帽，身穿圆领袍，外着对襟宽袖大氅，下着皮裤、黄皮靴，系腰带，据学者考据可能是我国东北少数民族；右二使臣头戴鸟羽帽，以双带系于颔下，身穿右衽白袍、镶红色饰边，宽袖，腰束白色腰带，脚穿黄靴，据学者考证应为新罗使臣；右三为此3人中形象最为突出的——头明显大于其余两人，髡发、浓眉、蓄浓须、鹰钩鼻，外穿红紫色翻领袍，腰系白带，足着黑靴，学者认为可能是东罗马帝国的使节[①]。

图17　《客使图》局部

（2）《仕女与侏儒图》中的胡服形象

《仕女与侏儒图》为章怀太子墓前室南壁壁画，长168厘米、

---

① 周天游主编：《唐墓壁画研究文集》，第198页，三秦出版社，2001年版。

宽102厘米。画中3人，左一为一体态丰腴之侍女，穿窄袖襦裙服，外罩半臂；右一为戴幞头、穿圆领袍衫之侏儒；中立者，脸的上半部已模糊不清，从脸型和可以看清楚的朱红嘴唇来看，似为穿胡服、女着男装的侍女，所穿胡服为朱红色翻领袍，窄袖，衣长在小腿部位，腰系革带，两侧开衩，内着条纹图案裤子。

图18　《仕女与侏儒图》局部

（3）《仪卫领班图》中的胡服形象

《仪卫领班图》为唐章怀太子墓墓道东壁的壁画，此画高193厘米、宽69厘米，图中仪卫身材魁梧、圆脸大耳，双手叠于胸腹之间挂仪刀。此仪卫头戴幞头，身穿青色翻领右衽胡服，

从唐代壁画人物着装看胡服对汉族服装的影响

衣长在小腿肚以下，两侧开衩，衣上有襕，足蹬乌皮靴。

图 19 《仪卫领班图》局部

3. 唐懿德太子墓壁画中的胡服形象

《驾鹘戏犬图》为唐懿德太子墓[①]第二过洞西壁北侧壁画，高 169 厘米、宽 133 厘米。此画中共有两人，以及一鹘一犬，两人中间有一棵小树。右为戴幞头、穿浅黄色圆领袍衫的男侍，左为头发卷曲的胡人，肤色比右侧男侍略深，穿绿色袍衫，佩腰带，着皮靴。

---

① 懿德太子李重润（682—701），为唐中宗李显的长子，唐高宗与武则天之孙，19 岁私议祖母武则天而被杖杀，大足元年薨，神龙二年（706）被追封为皇太子，陪葬乾陵。懿德太子墓在今陕西省乾县乾陵乡韩家堡村，1971 年被发掘。

图 20 《驾鹞戏犬图》局部

二、胡服与胡服元素

1. 胡服

胡人，是唐代中原地区对北方少数民族的通称，胡服是其所着之服饰。"初唐至盛唐间，北方游牧民族匈奴、契丹、回鹘等与中原交往甚多，加之丝绸路上自汉至唐的骆驼商队络绎不绝，对唐代臣民影响极大。在这里，我们仍将其称为胡人。随胡人而来的文化，特别是胡服……其饰品也最具异邦色彩。"[①] 胡服

[①] 华梅：《中国服装史》，第 56 页，中国纺织出版社，2007 年版。

"是与中原人宽衣大带相异的北方少数民族服装……这种配套服装的主要特征是短衣、长裤、革靴或裹腿，衣袖偏窄，便于活动"①。

2. 胡服元素

（1）首服

幂䍦：《中华古今注》载："幂䍦，类今之方巾，全身障蔽，缯帛为之。"幂䍦原为北方少数民族服饰，北方民族所居之地风沙很大，幂䍦原为他们外出遮蔽风沙之用。传入中原之后，唐代女子将其做外出遮蔽面部之用。

帷帽：《旧唐书·舆服志》中载："武德、贞观之时，宫人骑马者，依齐隋旧制，多着幂䍦，虽发自戎夷，而浅露。"《说文解字段注》载："帷帽，如今席帽，周围垂网也。"帷帽就是一个有檐的帽子边缘垂下半透明的纱罗，使穿戴者既能遮蔽面容又不妨碍视物。

浑脱帽：浑脱帽为北方游牧民族首服，"最初是游牧之家杀小牛，自脊上开一孔，去其骨肉，而以皮充气，称其为皮馄饨"②。这种北方民族的首服在唐中期之后被中原地区人民广泛穿用。

（2）翻领左衽服

胡服的一大特点为翻领，这是中原地区所没有的。除个别民族外，胡服一般为左衽（即右衣襟压住左衣襟）、翻领，衣长在膝盖以下，两侧开衩，窄袖（与北方游牧民族生产生活方式相关）。

---

① 华梅：《中国服装史》，第10页，中国纺织出版社，2007年版。
② 华梅：《中国服装史》，第56页，中国纺织出版社，2007年版。

（3）足服

胡服的足服主要为长靿革靴，这与其游牧民族的生活方式密切相关，便于骑马打猎。

三、唐代胡服元素对汉族服装的影响

1. 唐代服饰概述

（1）男子服饰

圆领袍：唐代男子最普遍的服装是圆领袍（也称团领袍）。主要款式特点为圆领、右衽，在领处有缘边，袖子比前朝为窄。文官衣长较长，一般至足踝；武官较短，一般至膝盖以下。

幞头：幞头为唐代男子首服，初期幞头是以布裹头上；其后以木、藤、革为骨架，在其上包罗帕，形成一定的形状；后期固定成为帽子。"幞头一谓之'四脚'，乃四带也，二带系脑后垂之，二带反系头上，令曲折附顶，故亦谓之'折上巾'。唐制，唯人主得用硬脚，晚唐方镇擅命，始攒用硬脚。"[①]

乌皮靴、丝履：乌皮靴为外出时足服，丝履为居家时穿着。

（2）女子服饰

唐代女子的服饰从形式上来看，主要分为襦裙服、女着男装以及胡服。除第三种直接穿胡服外，前两种服饰也与胡服有着密切的联系。

襦裙服：襦裙服是一种上衣下裳形制的服装，由上襦和下裙构成。唐代女子的襦裙服主要有短襦（衫）和长裙、坦领大袖衫和长裙、大袖纱罗衫和长裙 3 种搭配方式。

---

① ［宋］沈括：《梦溪笔谈》，第 3 页，齐鲁书社，2007 年版。

从唐代壁画人物着装看胡服对汉族服装的影响

女着男装：唐代女子地位与其他朝代相比要高出很多，女着男装就是一个例证。女着男装，即女子全身穿着模仿男子的服饰。这种风气自上而下，风行一时①。在唐李凤墓甬道东壁②，有一幅高123厘米、宽57厘米的壁画，画中女仕手捧包袱，头戴黑色幞头，身穿红色翻领袍衫，下着条纹图案裤子，足蹬软底线鞋。整体装扮为男子服饰。

在房陵大长公主墓前甬道西壁③，有一幅持花男装女仕的壁画，画中侍女头戴幞头，着翻领胡服，衣长至膝下，两侧开衩，腰束浅紫色软带，佩香囊，下着条纹图案裤子。

胡服：比较典型的胡服款式为头戴混脱帽，身着窄袖翻领长袍，下着长裤，足蹬皮靴。

2. 胡服元素对唐代汉族服装的影响

沈括在《梦溪笔谈》卷一中曾经谈到："中国衣冠，自北齐以来乃全用胡服。窄袖、绯绿短衣、长靿靴有鞢带，皆胡服也。窄袖利于驰摄，短衣、长靿皆便于涉草……"④ 由此可以想见当时胡服对汉服的巨大影响。

（1）胡服对汉族男装的影响

首先从男装方面分析，唐代最具代表性的男子服饰——圆领袍衫，就是非常典型的与少数民族融合的产物，圆领袍衫的领子为圆领，两侧开衩，衣身与前朝相比较为紧窄，袖子有宽、窄二

---

① 《新唐书·五行志》记载："唐高宗内宴，太平公主紫衫玉带，皂罗折上巾，具纷砺七事，歌舞丁帝前。帝与武后笑曰，'女子不可为武官，何为此装束？'"

② 李凤（623—674），唐高祖李渊第十五子，高宗上元元年薨，陪葬高祖于献陵。李凤墓位于陕西省富平县吕村，1973年被挖掘。

③ 房陵大长公主（619—673），唐高祖李渊第六女，咸亨四年薨，陪葬高祖于献陵。房陵大长公主墓位于陕西省富平县吕村乡双宝村北，1976年被挖掘。

④ ［宋］沈括：《梦溪笔谈》，第3页，齐鲁书社，2007年版。

式，以窄袖为多。此种服饰为前朝所无，修长、端庄、秀丽。此种服饰，腰间需要束带，足着靴，均为胡服的典型元素。

（2）胡服对汉族女装的影响

再看女装，前面已经提到唐代女子服饰主要分为3种：

一是襦裙服，与之前的汉朝、魏晋南北朝女子服饰相比，唐代女子襦裙服的一大特征就是袖子较窄，这是受胡服影响的一种变化。窄袖的款式比较适合北方少数民族的游牧生活方式。女子襦裙服的窄袖特征从唐代之前的五代壁画（王处直墓壁画）中，也可以看到端倪。

二是女着男装，唐代女子穿男装是一个较为普遍的现象，这可以从唐墓壁画中看到。她们所穿的男装有圆领袍衫与翻领胡服两种[①]：前一种受胡服影响已在前面男装中阐述，后一种就是胡人的服装样式。

三是着胡服，也有着各种搭配。

最后，关于唐代汉族将胡服直接"拿来"穿着的情况，《唐书·五行志》中对此有直观的描述——"天宝初，贵族及士民好为胡服胡帽。"而无论是昭陵唐墓壁画、章怀太子墓壁画，还是懿德太子墓壁画，男女侍从穿着翻领胡服的形象比比皆是。

四、社会环境分析

唐代胡服之所以在唐代对汉服产生深刻的影响，有其主客观两方面原因。首先从客观条件上来看，唐代政治昌明、军事强大、经济发达、文化繁荣，这使得它具有博大而包容的心态。西方很多国家征服别国后就奴役它们，而唐代则将其归为自己平等

---

① 见唐昭陵韦贵妃墓壁画《躬身施礼男装女侍图》、《束抹额男装女侍像》。

的臣民，这体现了精神上的真正强大。在大唐盛世，通过鸿胪寺与中国建交的有 70 多个国家，很多其他民族乃至外国人民都在长安乐不思蜀，吸引他们的，除了当时强大的国力之外，恐怕还有博大心态所带来的感召力。

其次，从主观层面来看，唐代皇族的母系长孙氏是鲜卑族的后裔。从生理学上来讲，唐代统治者李氏皇族本身并不是纯种的汉人，这也使得他们对其他少数民族具有接纳和包容的态度。

由于吸收了异族文化，使得唐的文化异常辉煌。唐代，中国向外输出丝绸、漆器、铁器、瓷器，而西域各国的毛皮、瓜果、香药、玻璃、联珠对鸟纹等也传入进来。

最后需要强调的一点是，唐代外族文化与汉族文化的相互影响是基于一个平等的立场上，这使得唐代对胡服、胡舞、胡乐、胡床等的吸纳才如此的密集而又成为自身文化的一部分。今天，这些吸纳少数民族文化的生活方式通过壁画、雕塑等艺术形式为我们所熟知，而这种建立在平等、尊重基础上的相互融合也值得我们记取。

典雅与现代

——20 世纪前期西方时尚史

一、世纪之交至 1910 年

"把女性从紧身胸衣的独裁垄断中解脱出来。"

——保罗·波列（Paul Poiret）

世纪之交至 1910 年的这 10 多年，对于西方服装时尚来说意义非凡。服装朝着现代化的道路迈开了它最初的脚步。促使其发展变化的，既有社会的巨大变革、技术的飞速发展，也有文化和艺术的影响。

20 世纪初以来，男装的基本款式是西装三件套，包括西服上衣、马甲、西裤。衬衣和领带非常讲究，衬衣的用料为亚麻布或棉布。大衣有在膝上、及膝和膝部以下等几种长度。帽子有便帽、毡帽、草帽和正装用的高筒丝织大礼帽等。鞋子的长度和鞋跟都比以前低，长筒靴基本退出了日常生活的舞台。那些较亮丽的质料和不是那么浓烈的颜色占了主导的位置，像白色、乳白色、黄褐色等。

受新艺术（Art Nouveau）运动的影响，波浪式的、缠绕的、S 形的造型充斥了人们生活的方方面面，也影响到人们的穿着。女性在这个时期以紧身胸衣塑造出人为的"S"形曲线：高耸的胸部、勒紧的细腰以及丰满的臀部。

典雅与现代

图 21 新艺术运动的珠宝设计

"吉布森女孩"风貌是这个时期非常流行的一种女性着装形象。这是一种在20世纪初（1902—1908）在美国年轻女性中盛行的服装风貌，创造这种风貌的不是一名设计师而是一位画家，他的名字叫查尔斯·达纳·吉布森。这股风潮开始于吉布森为名媛兰霍恩姐妹画的一幅肖像。其实，从19世纪末开始，西方就出现了吉布森女孩的雏形，那时一部分女性已经有了主动、积极的社会意识，开始不满足于作为附属品的家庭和社会地位。她们渴望像男人一样去工作，渴望实现自己的个人价值，服装就成为她们改变自身的第一步：繁复、多层的长裙和紧紧束缚身体的紧身胸衣成为首先需要去掉的东西，在这里更方便、更舒适的穿着方式和美丽一样重要。而画家吉布森的作品适时地诞生了，人们都不约而同地被"吉布森女孩"与众不同的形象所打动：画中的女性有着饱满的胸部、纤细的腰肢和丰满的臀部，整体呈美丽的S形，突出了女性的性征。"吉布森女孩"不仅仅是一个时尚的偶像，它还代表了一种价值观和一种生活方式。

图22 "吉布森女孩"形象

此时的巴黎是时尚的中心，欧洲和美国的妇女都非常慷慨地购买着"巴黎时装"，并参照《时尚》、《哈泼市场》等时尚杂志来调整自己的着装风格。沃斯、帕昆、杜塞等时装屋是时尚的集散地。

保罗·波列是20世纪第一位真正意义上的设计大师，他认为时装需要一个独裁者，而自己就是那个人。1906年，这个20世纪的"设计革命家"针对体面的淑女需要背负连同紧身胸衣在内二三十磅衣物的境况，发出了振聋发聩的时代呼声——"要把

典雅与现代

女性从紧身胸衣的独裁垄断中解放出来!"他的设计摈弃了束缚女性几百年的紧身胸衣,借鉴古希腊、古罗马时期的服装款式,其服装突出女性身体自然的美,把女性从"美丽盔甲"中解放了出来。这一革命性的举动奠定了女装流行的基调。他提出上衣的支撑点不在腰部而在胸部,暗示出腰部不再是女性魅力的唯一存在,这在服装史上具有划时代的意义。

图 23　保罗·波列的设计作品

1910年,保罗·波列又推出了具有东方民族特色的"蹒跚裙",这款裙子在膝盖的部位收紧而在前中打开一个大大的开衩,下配丝袜,将女性包裹在衣服中数百年的双腿解放了出来。这在

20世纪初无疑是非常大胆的。

这个时期的化妆风格是突出白皙的肤色，这被认为是迷人而高贵的，因此各种美白的产品非常流行，女性总是通过使用化妆品让自己看起来更白。此外，弯曲的秀发被认为是温柔与美丽的象征，因此使用还很简单的烫发器和烫发夹塑造或大或小的波浪成为时尚。

二、20世纪初：贵族的风度·现代的开端

"当女士笑的时候，她的服装也应该和她一起笑。"
——马德琳·维奥内（Madeleine Vionnet）

在20世纪初，一个重要的历史事件对服装风格产生了巨大的影响，那就是战争的爆发。战争改变了人们的生活，也改变了人们的穿衣方式。

第一次世界大战爆发前，男士们的穿着形成了一种约定俗成的模式。上班时他们通常是穿着条纹裤子和便装，在更为正式的场合，外套是由礼服代替，礼帽不再是笔直的烟囱形，而是向内的弧形，帽檐微微向上卷曲。在晚间的正式场合，燕尾服、浆过的衬衫、白色的马甲和手套都是必备的服饰，穿什么和怎么穿在当时的男士服装中有着精确而不成文的规定。

尽管一些资产阶级的新贵们渐渐在时尚舞台中崭露头角，但穿衣的法则无疑还是由贵族来"制定"的，男装的流行风尚亦是由那些衔着金匙出生的贵族子弟来领导。其中对人们的穿着影响最大的莫过于威尔士王子，他即是后来轰动全球的、"不爱江山爱美人"的英国国王爱德华八世。相传王子在对德国进行国事访问时，欧洲的裁缝都争相记录下王子的穿着，这是对时尚的权威

诠释。威尔士王子非常注重细节的搭配，其经典装束如下：缎面的礼帽、三件套西服套装、裤线笔挺的长裤、长度在膝部以下的呢子大衣和手工制作的皮鞋。

很多学者认为20世纪20年代才是现代服装的真正开端，但其根源与诱因却是发生在1914年的第一次世界大战。战争使得男子参军，而以往"养在深闺"只作为家庭主妇的女性们不得不走上社会，从"女性角色"——家庭主妇到"中性角色"——劳动者，女人不得不离开家从事之前只有男性才从事的职业。这一角色的转变，使得他们的服装从装饰性走向功能性，从而使服装的合用性与机能性成为考虑的一个重要指标，于是，服装的形态改变了。此时的女装裙长缩短，而多余的装饰物也被去除。

马德琳·维奥内是这个时期的导向设计师。她对这个时期服装的风格，尤其是礼服风格的影响很大。

维奥内的设计改变了礼服的外观，露肩、单肩以及交叉肩带设计都是她的手笔。维奥内对服装风格的最大贡献更侧重于技术方面——她发明了斜裁。伴随着这种裁剪方式的诞生，女装尤其是礼服得以一种更为优雅、飘逸和悬垂的面目出现，这塑造了女性高贵的穿衣风格。布料的缠绕、荡领与手帕式的衣摆以及露背的设计构成了她的设计要点，这些方式一直到今天都被世界各地的设计师所应用。

维奥内还非常注重服装材质的选择，她非常偏爱丝绸的材质，中国丝绸、绉纱、真丝、缎子都是她常用的面料。在她眼中，这些轻柔而悬垂的材料更能突出女性身体的曲线及其娇美的特质。事实上，对上述面料的纯熟运用塑造了维奥内夫人独特的礼服风格。特别值得一提的是，维奥内夫人的设计还受到东方艺术的影响，被认为是20世纪初中西服饰文化结合的典范。

20世纪初的前半期，妆容以朴素的基调为主，清纯和淡雅是女士们所追求的；但到了后半期，粉色的腮红和猩红色的口红

图 24　维奥奈夫人设计的女装

非常流行，女性在妆容上具有一种妖娆的妩媚。凡士林油膏在此时出现，女性们可以用它来点染眼帘与双唇等部位。

三、20 世纪 20 年代：战争的影响·咆哮的时代

"我是第一个生活在这个世纪里的人！"

——可可·夏奈尔（CoCo Chanel）

这是一个叛逆、奢华、混乱的年代，"一战"结束了，在恐

典雅与现代

惧和痛苦中挣扎的人们急于摆脱心中的不安，纸迷金醉的年代到来了。20世纪20年代是消费社会开始的阶段，工业生产的飞速发展使大批量的生产成为可能，各种各样的新产品进入了人们的生活，汽车的普及使生活节奏加快。

在这个时期，男装不再贵族化，人们更注重衣服的舒适性，外套下摆变短，与此相适应的是后中的开衩被取消。男人的身形不再需要挺拔，衣服的材质渐渐变得柔软，西装的颜色也相应的转为深色，肩部的造型更加方正，整体看起来更加厚重。

在女性的时尚方面，这个时期所流行的是"自由女性"的形象，舞厅和夜总会成为年青女性的聚集地，人们一反以往对曲线分明的成熟女子的推崇，而将尚未充分发育的、像男孩式的少女形象作为追求的目标。

图25　20世纪20年代的女性形象

着装上的这种女装风格呈现出一种"管子状"造型，与此搭配的是女子晒黑的皮肤、消瘦身材和剪短的头发。具体表现为：裙长被缩短，露出小腿和双脚；抛弃了用"捆绑"的方式塑造体型的紧身胸衣和撑箍裙,并穿着具有弹力的针织内衣;衣服成直线的造型,腰围线下移至臀围的位置;各种繁复的装饰物被去掉。总的来说,这是一种减弱女子性征的着装风格,也是考虑服装机能性的必然结果,紧身胸衣的销量在这个 10 年呈下滑趋势。此外,日装的整体特征是实用和舒适,针织面料被广泛采用。礼服和晚装的色彩较为明亮,并装饰有亮片、流苏等饰物,佩戴珍珠项链成为时尚。

  女装的这种改变可以说是翻天覆地的,它集中体现了对千古不变的传统理念的挑战:女性终于改变了她只是作为男人附属品而装扮的着装法则——开始了她们为自己穿着的时代。这种混合着叛逆与探索、放纵与奢华的基调,构成了"咆哮的 20 年代"(The Roaring Twenties)的流行风貌。

图 26　女孩风貌

典雅与现代

　　这个时期的导向设计师是敢于标新立异的可可·夏奈尔，夏奈尔曾骄傲地宣布说："我是第一个生活在这个世纪里的人！"正如她所言，她的服装、她的言行、她的气质对此时的女性影响至深，是促使女装从"古典"真正迈向"现代"的一个里程碑式的人物。这个出生于法国乡村的女性，少女时代历尽艰辛，但这并不妨碍她拥有一颗高贵不凡的心灵。夏奈尔曾说过一句玄妙又意味深长的话："如果你没有翅膀，就不要阻止翅膀的生长。"——其实她本人就是那个年代"长着"一对无限创造力翅膀的女子。夏奈尔对时尚的理解也相当独特："时尚并不仅仅停留在衣服上，时尚是空气中的，是一种思考方式、生活方式，是我们周围发生的事情。"这个精辟的论断影响了几代设计师。

图 27　设计师可可·夏奈尔

夏奈尔认为,"人"与"衣"的关系应该是"衣"为"人"服务,因此她的设计充分考虑衣服的实用性。此外,夏奈尔做出了一系列大胆的尝试:她把男人内衣所用的针织面料拿来做直身的女性套装,她以男性化的水手装和水手裤来代替女裙。她提出首饰的作用不在于彰显其价值而在于其装饰性,并将真正的珠宝和人造珠宝混合穿戴,还创造出直到今天都非常经典的三串重叠的珍珠项链戴法。夏奈尔在1921年推出第一瓶以设计师命名的、瓶子造型非常男性化的香水——夏奈儿5号。

在1926年的美国版《vogue》中,夏奈尔发表了一款直腰身、长袖过膝的黑色纱质礼服,腰线降低、下摆提升,款式很简单。这款几乎没突出女性特征的设计,一经推出就迅速风靡世界,被誉为"有品位的女子的'制服'",这就是服装史上著名的"小黑礼服(Little Black Dress)"。

在这个"摩登女郎"时代,流行的妆容特点是色泽鲜红的嘴唇,唇部边缘清晰;配之以较重的眼影以及细细的眉毛;两颊涂上胭脂,并在脸的某一部位点美人痣(一般在嘴角边)。头发剪得很短,具有光滑的曲线。

图28 小黑礼服

四、20世纪30年代:好莱坞的情结·女士的时代

> "所有的外形都差不多……其实在用紧身胸衣把腰勒细这一点上全都一样,整个巴黎找不到一件不收腰的女装。"
>
> ——《Vouge》

20世纪30年代是一个多舛的年代:以经济危机开始又以第二次世界大战结束。这是两次世界大战之间的喘息期,在经历了"一战"的伤痛和20年代末期的经济危机后,人们想用醉生梦死的奢华生活来逃避现实的残酷。

20世纪30年代的男装是完美成熟的绅士风格,剪裁变得非常重要。经济的大萧条使男子的着装也向简单的风格复归:美国式的轻便取代了英国式的古典而成为时尚的最佳注脚。在1932年的美国男子决赛

图29 克拉克·盖博在20世纪30年代的穿着

中，球王奥斯丁干脆穿着短裤上场，让欧洲、也让全世界看到了不穿裤子的男人。此外，好莱坞的电影把美国男人的形象传播到千家万户。

这一时期的女装开始流行"在不同的场合穿着不同的服装"，女性的衣橱里会挂有她们在正式晚宴、非正式宴会、野外踏青、运动活动等不同场合所应穿的衣服。晚装裙一般采用悬垂的面料，多为 U 形或 V 形领，长度在小腿中部，腰线上提到腰节位置，臀部较为紧窄而下摆大大散开。此外，宽肩的上衣开始出现。

20 世纪 30 年代的女装具有一种成熟、优雅的女性美。在两次世界大战中间的这个时期，女装中女性的特质又被放大了。如倒三角形的露背装就是这个时期的典型礼服款式。相传由夏奈尔首创的大白礼服（Big White Dress）非常能够代表此时的典型服装，光泽而悬垂的白色缎子面料柔柔地搭在身上，将女性的美好曲线暴露无遗。这一时期的女装，裤子也占有了一席之地。一些时尚女性穿起了裤子，与此搭配的有印度式包头巾（将整个头发包起在额头上打结）和三串珍珠项链。此时流行一种黑色羊毛针织连衣裤，上半身无领无袖，下半身是肥肥的裤子。这种装束使女性具有一种潇洒与倜傥的感觉。

紧身胸衣在这个 10 年发生了显著的改变，腰封的那个部分被抛弃，胸衣单独分离出来，并且尺寸逐步细化。女性的性征又被强调和夸大。此时的女装，精良的裁剪使得面料能够紧贴胸、腰、臀三个关键部位，是建立在典雅基调上的凹凸有致，在华丽外观基础上突出了女性特质。这股浪漫主义的华美风格充满了整个 30 年代。

这个时代的导向设计师是艾尔萨·夏帕瑞丽（Elsa Schiaparelli）。夏帕瑞丽与当时的很多艺术家过从甚密，这些艺术家还为她设计衣服的配件。她非常善于从艺术中吸取养分，设计出一个个有趣的服装系列,名称也很具有想象的空间,如"马戏"、"蝴蝶"、"艺术喜剧"、"星象"、"钱"等。

夏帕瑞丽的设计前卫、艳丽、新奇,流露出意大利式的幽默:以骸骨作图案的毛衫,有抽屉式口袋的套装,印着鲜红的龙虾和绿色欧芹的白色夜礼服,羊腿形的长手套一直戴

图30 夏帕瑞丽设计的上衣局部

到肩头，充满视觉效果的晚礼服，把文身图样、抽象画、骷髅头骨图案、非洲黑人图腾和报纸上有关她的介绍文字作为图案印在服装上。她曾经设计过一条项链，是在有蝴蝶结装饰的环形硬纱上点缀各种颜色的昆虫标本状装饰物，如蝴蝶和蜻蜓，颠覆了我们对首饰的认识。因其天马行空的想象力与近乎荒诞的设计风格，夏帕瑞丽被称为"骇人听闻的艾尔萨"（shocking Elsa）。意大利式热情也贯穿到她对颜色的独特品位上，她的服装作品的标志及包装都是用一种鲜艳的粉色，被称为"震撼的粉红"或"印加人的粉红"，在大俗中达到大雅的效果。

珍·哈露是20世纪30年代的性感女星，她的妆容也是这个时期典型的化妆风格：淡金色头发在银幕上看起来几乎是白色的，眉毛非常的细，戴着浓密的假睫毛，嘴唇鲜红。而葛丽泰·嘉宝，具有深深的眼睑、薄薄的嘴唇和尖尖的唇尖，妆容更为自然。

战争与青春

——20 世纪中期西方时尚史

一、20 世纪 40 年代：新式的风格·军服的时代

"没有人能改变时尚，时尚变革的力量来自于它的自身，女性想要更女性化，所以新样式被接受，其根本原因在于全球性的审美观和世界观发生了变化。"

——克里斯汀·迪奥（Christian Dior）

第二次世界大战的爆发使物资限制充满了生活的方方面面，服装当然也不例外——战时面料限制令使得服装短而合身。但同时它也催生了那些真正具有现代意义的款式的诞生：T 恤衫、羊毛衫、防水外衣、飞行夹克和斜纹棉布裤……好莱坞银幕硬汉亨弗利·鲍嘉在《北非谍影》中就穿着一件有腰带和肩带的双排扣防水外衣，非常的现代，即使在今天都不过时。

这个时期，人们崇尚威武的军人风度，无论男装还是女装，都流行类似军服的款式。自 1940 年开始，男装流行"粗犷风貌"（Bold look），其特点是用厚而宽的垫肩大胆地夸张和强调男性那宽阔、强壮的肩部，与之相呼应，领子、驳头以及领带都变宽，前摆下角的弧线也变得方硬，裤子上裆很长，比较宽松肥大。

战争的阴影在一定程度上改变了时装的风格，但也有设计师

是以诙谐的态度来展现这种改变。伊丽莎白·雅顿（Elizabeth Arden）曾设计了一款带防毒面具的晚礼服，既讽刺了战争，也提醒女性即使在战争年代也要保持应有的优雅态度，可谓别具匠心。

图31　20世纪40年代军服风貌

在这个10年中，对于爱美的女性来说，一个里程碑式的故事发生了——那就是"新样式"（New Look）的发布。"新样式"是设计师克里斯汀·迪奥于1947年2月12日在法国巴黎推出的一个女装系列。

"新样式"系列女装具有优雅的女性特质——圆润自然的肩部、丰满挺拔的胸部、纤细的腰部和像半开的花朵一样打开的裙摆。"新样貌"驱走了战争的阴霾，冲淡了经济危机带给人们的伤痛。整个系列造型优雅，具有浓浓的女人味，使高贵、典雅的风格又回到女装上。值得一提的是，虽被称为"新样式"，这个系列的设计思路却重新走回塑造女性胸、腰、臀曲线的老路，这其实并没有什么新意。但不管新旧与否，其美丽与优雅不容置疑。

图32 "新样式"女装

"新样式"的成功使迪奥深受鼓舞，设计热情空前高涨、设计灵感不断迸发，从1947年开始的10年间，每年春、秋两季都推出一个系列的时装，分别以"A型"、"Y型"、"H型"、"8型"、"郁金香型"等命名，开创了一个"型"的时代。

克里斯托伯·巴伦夏加（Cristobal Balenciaga）是20世纪40年代另一个非常重要的设计师。作为20世纪最伟大的服装设计师之一，巴伦夏加在服装技术上有着很深的造诣。他的设计风格更为内敛，衣服的造型也更为轻松，具有一种超越时空的永恒的优雅。他的设计风格对时尚的影响一直持续到 20 世纪 60 年代，并对此后的设计师休伯特·德·纪梵希（Hubert de Givenchy）、伊曼纽尔·恩加罗（Emanuel Ungaro）影响很大。此外，当时与迪奥和巴伦夏加齐名的还有一位设计师皮尔·巴尔曼（Pierre Balmain），巴尔曼坚持塑造女性的高雅、温婉的形象，他的日装款式都非常经典。

在 1944 年被称为"世界上最昂贵的衣服"（价值 3500 美元）的服装和电影有关，这是一件金红色的长礼服，是电影《暗夜女郎》（《Lady in the Dark》）中演员金乔·罗杰丝的戏服：肩部饱满、收腰、低领口、宽大下摆，以金色和红色圆形亮片缝缀而成。

20 世纪 40 年代的化妆风格是强调唇部，而眉毛呈自然的状态或在眉骨位置挑高，头发齐肩或梳成髻。这个时期一直到 20 世纪 50 年代，女孩发型流行几何形状的"沙宣发型"（Sassoon Haircut）。

二、20 世纪 50 年代：激越的思想·偶像的时代

"在本世纪下半叶，颠覆性的服装模式始于乡村劳动者穿的 T 恤和蓝色牛仔裤，后者被反叛的城市青年所接受。白兰度表现出 T 恤是男性内衣的意识，这种展现同他的表情或肌肉一样性感。"

——《性别与服饰》

战争虽然结束了，但国际形势依然动荡，饱受两次大战摧残的人们渴望和平、安宁的生活。始于 20 世纪 40 年代的"婴儿潮"（baby boom）造就了一批花钱如流水的青少年，流行时尚开始了由青年人引领的端倪。年轻人们流行穿宽松的套头毛衣、牛仔裤和百慕大短裤（Bermuda Shorts）。到了 20 世纪 50 年代

末，英国的年轻人流行一种被称为"洛克风貌"(Rocker Look)的摩登装束：头戴安全帽，身穿黑色皮夹克、紧身牛仔裤或窄筒裤，脚踏及膝长筒靴。

这是一个充满偶像的年代：詹姆士·迪恩（James Dean）、马龙·白兰度（Marlon Brando）等男明星吸引了无数眼球，也引领了时尚的流行，使得牛仔裤、皮夹克、T恤成为年轻人的时尚。

詹姆士·迪恩在影片《无因的反叛》（《Rebel Without a Cause》）中饰演离经叛道的男主人公，有着忧郁的眼神、俊朗的外表和不羁的神情。1955年，年仅24岁的詹姆士·迪恩因车祸去世，他在影片中穿着牛仔裤的形象随着这颗巨星的陨落，成为年轻人心中永远的伤痛与挚爱。

图33 穿着牛仔裤的詹姆士·迪恩

1953年，美国影星马龙·白兰度参演了一部描写青少年生活的影片《飞车党》（《The Wildone》）。在这部取材于1947年发生在加利福尼亚州的"霍列斯特骚乱"的电影中，源于"二战"

时美国飞行员飞行服的黑夹克成为剧中的一大亮点。剧中的马龙·白兰度斜戴鸭舌帽，穿着翻领、收腰的黑色皮夹克，戴着同色的皮手套，下面是深蓝色的牛仔裤，漫不经心地皱着眉头，满眼调侃的神色。从此，马龙·白兰度成为摇滚派的一个偶像，而黑色皮夹克也成为这股青年思潮的代表性着装。

图34　马龙·白兰度在《飞车党》中的剧照

20世纪50年代早期的女性服装多为收腰的衬衫裙、宽松的罩衫、合身的及膝裙。1957年巴伦夏加（Balenciaga）推出了直筒衫（袋装），这种衣服前后都从领部直直的垂坠下来，完全没有腰线的概念，裙摆在膝盖的位置。女性的身体曲线完全被淹没在宽松的服装中。虽然曲线全被遮蔽，但有趣的是，更有一种女性的味道，因此也成为这个年代典型的着装风格之一。

时装与电影的关系如此密切，在20世纪50年代尤其如此。此时许多设计师纷纷选择在大银幕上施展他们的"魔法"，打造了一个又一个经典的造型，如克里丝汀·迪奥为《捉贼记》（1956年）的造型、纪梵希为《龙凤配》（1954年）、《甜姐儿》（1957年）的造型。

20世纪50年代的女性时尚偶像是玛丽莲·梦露与奥黛丽·赫本。这两位明星都非常美丽但风格各异，其形象代表了这个时期两种典型的审美取向与时尚风格。梦露在1955年拍了一部内容乏善可陈的影片——《七年之痒》（《The Seven Year Itch》），影片中有一个经典瞬间：一头金发的梦露在地铁的通风口轻抚被冷气吹起的白色礼服裙，仅仅是这个时尚片断就足以使这部片子留名电影时尚史册。

图 35　玛丽莲·梦露在《七年之痒》中的剧照

奥黛丽·赫本的容貌清丽脱俗，服装干净简洁，被称为"堕入凡间的精灵"。通过电影中的形象，赫本式的简单、现代的着装风格深入人心。赫本对流行的影响与设计师休伯特·德·纪梵希服装密不可分,赫本与纪梵希的合作开始于 1953 年,赫本在其担任主演的电影《龙凤配》(《Sabrina》)中有三件重要的服装都是由纪梵希设计的。赫本还带动了一种洗练而美丽的搭配风格——黑色的圆领长袖上衣配同色的锥形七分裤,与此搭配的是平跟的萨尔瓦托·菲拉格慕(Salvatore Ferrogamo)芭蕾舞鞋与烫后剪短的赫本头。

图 36 赫本在《龙凤配》中的服装

1955 年,好莱坞著名悬疑片大师阿尔弗莱德·希区柯克(Alfred Hitchcock)拍摄了经典影片《捉贼记》(《To Catch a Thief》),这部由加利·格兰特和格蕾丝·凯莉主演的影片的一大亮点就是女主角身上那一套套美丽的"新样式"时装。随着电影的热播,世界各地的女性都纷纷争相订购"新样式"服装,电影对时尚的巨大影响力又一次被印证了。

此时流行的妆容特点是:粗而直的眉毛;有浓重眼线的凤眼眼型,在眼角处向上挑起;饱满而轮廓分明的唇,以及被染成金色或红色的头发。

三、20 世纪 60 年代：多重的风格·年轻的时代

"库雷热的迷你裙设计体现了一种纯粹、精确、新鲜的年轻感。"

——《Vogue》

20 世纪 60 年代是一个动荡不安的年代：变幻的政治体制的阴影、对越战争的残酷以及充斥欧洲的各种激进思潮，使那些步入青春期的战后"婴儿潮"的一代充满了反叛、不安的情绪。年青一代带着他们浪漫的热忱、"打破"的冲动与追求更高精神生活的愿望，成为反权威与反传统的"执戈者"。

"青年思潮"主张政治、文化和心灵的自由。年轻人们反对既成的社会规范，反对他们父辈的价值观，也反对破坏一切的战争。这股"青年思潮"打破了从前那成熟的、优雅的、上位的经典旧容，服装第一次呈现它年轻多变的、个性化的、摧毁一切又重建一切的新鲜样貌。不同于以往以"成熟夫人"为流行的根基，20 世纪 60 年代的风尚充分地体现了下位文化论（Bottom-up theory）。[①]

整个时装界将目光的焦点都集中在年轻人的身上。他们是从没有经历过战争和贫穷的一代，以一种悠游、不羁的态度来对待极大丰富的物质生活。他们这些"婴儿潮"中出生的年轻人已经成为中坚的力量，在逛街、购物和穿衣上挥霍着他们大把的青春岁月。蓝色的牛仔裤、皮夹克，穿衬衣不系领带等，皆是他们特有的声音。

[①] 由美国社会学家布伦伯格（Blumberg）首先提出，这种理论认为现代社会很多的流行是从年轻人、蓝领阶层以及有色人种那里引发，并最终影响到主流社会中。

这是一个对年轻进行赞美的时代，此时最当红的模特崔姬（Twiggy 原名莱斯特·霍恩：Leslie Hornby, Twiggy"嫩枝"为其绰号）可以帮助我们管窥当时风尚之一斑：儿童般未发育的细长身材，长腿、平胸、窄肩；梳着维达·沙宣（Vidal Sasson）设计的、在视觉上使头部比例放大的几何状发式；描着粗重的黑眼线，戴假睫毛，弱化唇色。其摄影照片中的形象被《每日快报》（《Daily Express》）评论为"一张能代表1966年的脸"。

图37 60年代时尚偶像崔姬

20世纪60年代的几种青年文化——嬉皮士（Hippie）[①]、摩登派（Mods）、摇滚派（Rockers）和朋克（Punk）等，无疑成为引领时尚的风向标。它们创造出许多新的款式与流行，与服装的结合达到了完美的程度，作为这个时代的血液最佳地诠释了它年轻、叛逆的因子。"嬉皮"是英文单词 Hippy 的译称，嬉皮士是指反对并且拒绝社会传统的标准与习俗的人，特指提倡极端自由主义的社会政治态度和生活方式的人。这是一群对社会不满而表现得消极颓废的年轻人，嬉皮士公开蔑视主流文化，以嘲弄社会道德与价值观为乐。他们留着长发，说着粗话，崇拜神秘主义

---

① "嬉皮士"一词源于反叛文学家诺曼·梅勒1957年发表的《白色的黑人》一书，书中的主人公嬉皮史特是一个对当时社会充满憎恶的年轻人，后来人们就将"嬉皮士"作为这一代充满反叛情绪的青年的代名词。

的东方宗教。嬉皮士们大多受过高等教育，提倡和平与仁爱，他们甚至向镇压他们的警察献上鲜花，并为自己取了"花童"（Flower Children）这样甜蜜的名字。他们反对一切正统的事物，宣告对主流社会和占统治地位的价值观的不满。服装是他们向外界宣战的一个武器，并因此而开创一种独特的时装风格。他们穿有洞的、破烂的、怪异的服装，他们颠覆了传统男性服装所必需的阳刚之气的概念，带动了中性服装和通俗服装的流行。嬉皮士风貌中一个重要的标志就是牛仔裤，他们在牛仔裤上印花、刺绣和打补丁，从而形成自己的独特风格。但不论怎么变，这些牛仔裤都具有一些共同的特点，如臀部紧绷、腰身较低、裆部较短等，膝盖以上都非常紧身合体，而从膝盖以下就开始放松如扇形，长及脚面，走起路来拖拖沓沓，有一种颓废的美感。

多样化是此时期流行的特点之一，在"青年思潮"统治下的服装舞台上既有对东方文化崇拜而衍生的宽松佛袍、看似保守而实则激进的"祖母风貌"（Granny Look）、故作天真的孩童款式，又有大胆到极致的比基尼（Bikini）泳装和无上装设计。牛仔裤也是此时流行的必备元素。

此外，"未来主义"风格也是这一时期的流行风格之一：皮尔·卡丹（Pierre Cardin）的"宇宙服风格"

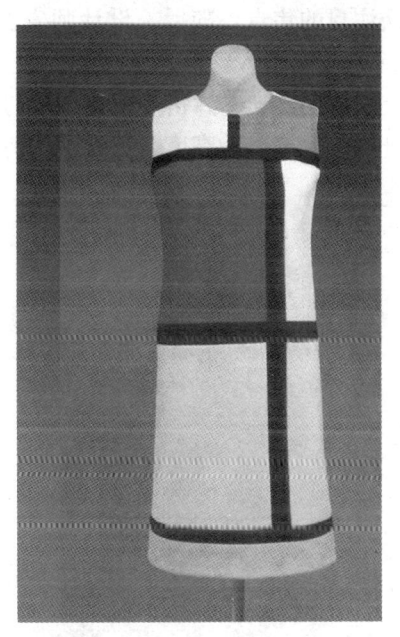

图38 圣·洛朗的"蒙德里安风格"作品

和伊夫·圣·洛朗（Yves Saint Laurent）的"蒙德里安风格"都是当时非常前卫的典范。即使对材料的应用也日新月异。应当指出的是，20世纪60年代的服装变革不仅仅局限于款式、材料和运作方式上，它更是观念上的转变。

此前是主流的设计师引导时尚及人们的穿着，而现在设计师们纷纷从街头、音乐和年轻人身上寻找灵感。街头风格也是一种反秩序的风格：它打乱了世代——从女儿到母亲，从儿子到父亲，从业余到职业的过程与秩序。街头风格往往将同时期的主流服装和二手服装混搭，经过修改与装饰之后，使之产生一种新的风格。伦敦时装设计师玛丽·匡特（Mary Quant）以街头风格为灵感，首先推出了裙摆至膝上数公分的短裙，使迷你裙成为万众注目的焦点。随后，设计师安德烈·库雷热（Andre Courreges）把它引入巴黎高级女装的设计中，成为街头服装被高级时装引用的经典。库雷热把迷你裙与连裤袜、靴子并用，使之被提升到一个艺术的高度，打破了"街头服装"与"高级时装"的界限。它以年轻的特征和极限的膝盖以上25厘米的长度造成对"高雅传统"的致命一击，因而具有非凡的意义。到了20世纪80年代以后，这种超短的裙款已经不是一种时尚而成为普通的款式。

中性风格（unisex）也是这一时期的风格特征之一。这种流行主要表现在服装呈现出一种无显著性别特征的、男女都能穿着的风格上。这个时期的一些次文化

图39　玛丽·昆特的设计作品

现象对中性服装的流行起到了推波助澜的作用。如"嬉皮风貌"的一个典型的着装特色就是紧窄的衬衫和紧身喇叭裤的组合,穿着这身行头的人无论男女大都留着长长的头发。紧身的衬衫塑造出一个细细的腰肢,裤子上紧下松形成一个喇叭形,每个人的造型基本上都是如此,所以只有从正面才能看出男女,仅从背影是无从分辨的。其实,除了牛仔裤外,T恤衫本来也只是男人的内衣,后来成为外衣,再后来被女性穿着。男女着装的界限被逐渐打破。

20世纪60年代前半期的化妆风格优雅而洗练,妆容更为自然,重点在眼部;眉毛不再崇尚曲线的造型而较为平直;嘴唇为较为适中的调子,不再那么鲜艳;头发或蓬松或梳成髻子。后半期眼睛是化妆的中心和灵魂,大面积的浓重的眼影与长长的假睫毛是必不可少的,嘴唇为浅色甚至白色,使得一双眼睛更加楚楚动人。

叛逆与自由

——20 世纪晚期西方时尚史

一、20 世纪 70 年代：街头的风景·叛逆的时代

"有创造力的人就应该与众不同——这是他们的生活方式。"
——维维安·韦斯特伍德（Vivienne Westwood）

这是一个充满叛逆的时代：同性恋解放运动、女性解放运动和环保运动风起云涌，种族和性别等概念引发了具有时代烙印的时尚革命，这是一个向街头服装学习的年代——贵族和上流社会对流行的主导地位彻底地被颠覆。

二手衣、卡尔文·克莱恩（Calvin Klien）设计的牛仔裤、摇滚风格的艳丽打扮和休闲风格的运动服充满了人们的衣橱。这个时代男人裤子的裤脚开始加宽，后来渐渐演变成了膝盖以上紧瘦、膝盖以下成金字塔形的喇叭裤。牛仔裤也进入了它最辉煌的时代——全世界无论男女老幼都穿着这种青春、帅气的服装。

20 世纪 70 年代是个奇怪的时期，在这个时期，迷你风貌、中型风貌和超大风貌并行。在这 10 年中，越来越多的设计师踏入男装的设计领域：日本设计师高田贤三在 1975 年春夏以中国劳工与葡萄牙水手形象设计了地中海式条纹海滨衬衫；乔治·阿玛尼的第一个男装时装发布在 1974 年完成，其特点是斜肩、窄领、大口袋，被人们称之为"夹克衫之王"。20 世纪六七十年

代，很多设计师都以各种民族风格作为灵感进行设计，如伊夫·圣·洛朗推出的俄罗斯系列、印第安系列和吉卜赛系列。

20世纪70年代末期，在英国的伦敦出现了"朋克风貌"(The Punk Look)。"朋克"是20世纪70年代西方最具影响力的文化势力之一，朋克一族们身上别着安全别针或刺上各种各样的文身，剪着很短的平头，染着黄、红、绿、浅紫等突兀的颜色，听着刺耳激烈的音乐。朋克风貌的服装基本上都是由廉价的面料制成，因为他们喜欢用人为的方式把衣服撕破再用大号安全别针别起，所以其服装经常是开线、抽丝和破烂的，并缀满亮片、大头针、拉链等。黑色皮夹克、黑色紧身裤与有金属饰扣和拉链的牛仔裤是比较具有代表性的朋克服装。朋克风貌的女装一

图40 朋克风格服装

般是由紧身裤、面料撕裂的裙子和皮靴组成。在这些衣服以外，他们还喜欢用粗粗的金属链绕在颈项上作为装饰。

被誉为"朋克之母"的英国服装设计师维维安·韦斯特伍德（Vivien Westwood），在朋克服装的流行上起到了至关重要的作用。从1971年开始，维斯特伍德与她的合伙人麦尔肯·麦克劳伦（Malcolm McLaren）开办了位于伦敦皇后路的二手精品店"Let it Rock"。这个服装店先后被易名为"Too Fast To Live"、"Too Young To Die"、"Sex"和"Seditionaries"，成为朋克和朋克时尚的地盘。

这一时期的妆容呈现一种自然的面貌，如化妆的重点更多地放在护肤上而不是彩妆上，化妆时眼睛和嘴唇都很重要，脸颊用更接近肤色的肉色，等等。

二、20世纪80年代：民族的风格·品牌的时代

"传统并不是现代的对立面，而是现代的源泉。"

——三宅一生（Issey Miyake）

1983年，英国的《太阳报》首次出现了一个新造的词"gender bender"，用以描绘那些在着装、化妆和发型上打破男女之间界限的特征。直到今天，中性化的设计方向一直是时尚流行的一个重要方面。

设计师维维安·韦斯特伍德也设计了一些男女界限模糊的服装，如以摄政时代为灵感的华美的"海盗"系列。其他设计师，如让·保罗·戈尔蒂埃（Jean Paul Gaultier）、约翰·加利亚诺（John Galliano）、高田贤三等在设计男装时都大胆借鉴了女性的时装元素，如裙子、蕾丝的花边等。这股风潮甚至吹到了进行时

装表演的 T 台上，以往高大威猛的肌肉男型模特一统天下的局面一去不复返，纤细、阴柔类型的模特甚至有着比女人更精致的面庞，中性当道的年代到来了。传统男装在这股潮流下也有了很大改进：肩部的垫肩更薄、腰身略为收紧、翻领也更窄，造型更为优雅。

一本又一本的男性时装杂志出现在人们的视线中，设计师们也纷纷看中"男装"这块丰美的蛋糕，开始注意这块宽广的市场——许多品牌都增加了男装的系列：缪格勒（Thierry Mugler）在 1980 年、蒙塔那（Claude Montana）在 1981 年、川久保玲（Comme des Garcons）在 1983 年、让·保罗·戈尔蒂埃（Jean Paul Gaultier）在 1984 年都相继推出了男性时装，而其中最为经典的非乔治·阿玛尼（Giorgio Armani）的设计莫属。20 世纪 80 年代以来，阿玛尼为中性化的穿衣时尚做出了巨大的贡献。丰富的经历与意大利文化的浸润，使他形成了独特的品位，他所塑造的随意的、柔化的男装造型非常迷人。之后，他将此品味贯穿至女装，同样出类拔萃。他的服装裁剪非常流畅，较多地运用黑、灰、深蓝等色调，还独创出一种介于淡茶色和灰色之间的生丝色。他不仅改变了男性上衣过于硬朗刚毅的外观，还将厚垫肩和男子上装宽阔的造型应用到女装上，使女装具有一种干练、优雅、强势的中性色彩。

在这个 10 年中，男人似乎活得更惬意了，不仅仅是服装，一些服饰配件及相关用品都统统是"品牌制造"：从内衣、手表、剃须水、香水不一而足。品牌不仅仅代表了昂贵和时尚，它也代表了精致和适用，因此成为男士们不变的追求。

20 世纪 80 年代的女装既有经典优雅的女性化风格也有男性化（或者称为女强人式）的装饰风格，主要由加厚的宽垫肩与短裙结合，形成一种超大的着装风格。超大风貌又被称为"大风貌"（Big Look）或"V 形风貌"（V-look），是 20 世纪 80 年代的一种全球流行的女性着装风格,主要特点是上装宽大、下装较为窄小。这种着装风格起初源于街头的青年便服,后来被高级女装界所引用。超大风貌的组成要素之一是加上肩垫,以形成宽宽的肩部,可以是蝙蝠袖或插肩袖;上衣的下摆往往垂至膝部,肩线甚至到达肘部,以T恤、大夹克和大衬衫为代表。

雅皮士风貌兴起于20世纪80年代的西方。Yuppie中的y代表年轻(young),u代表城市(urban),p是专业(professional),也就是说,这是一群年轻的都市专业人士,从事的是那些需要受过高等教育才能胜任的职业,如律师、医生、建筑师、计算机程序员、工商管理人员等。雅皮士多由白领和知识精英组成,他们都有着较为优越的社会背景和较高的薪金。他们对生活品位要求严苛、对奢侈品有着发自内心的热爱。与嬉皮士们不同,雅皮士们没有颓废情绪,不关心政治与社会问题,只追求舒适的生活。雅皮士衣着非常考究,显示着他们较为良好的生活状态。也有人把"雅皮士"称为"优皮士"。虽然他们的着装、消费行为、生活方式及价值观等都带有较为明显的群体特征,但实际上他们并无明确的组织性。

图41 20世纪80年代的女装有着宽宽的肩

这一时期的设计师代表除了前面提到的乔治·阿玛尼,还有如下设计师:詹尼·范思哲(Gianni Versace)——其服饰性感大胆，体现女性自身的曲线美；瓦伦蒂诺（valentino）——V形轮廓是他的服装特色，非常喜欢运用红色进行礼服设计，受东方文化影响很深；高田贤三——日本设计师，善于运用绚烂的色彩以及花卉鱼虫等图案进行设计；山本耀司（Yohji Yamamoto）——日本设计师，善于运用黑色等深色系，其作品具有张力，采用非对称裁剪法；卡尔·拉戈费尔德（Karl Lageffeld）——主持三个品牌的设计，一年设计16个系列的服装，作为夏奈尔的现任设计师，其作品延续了品牌的风格；克里斯汀·拉夸（Christian Lacroix）——是一位善于做加法的设计师，其设计具有梦幻般的色彩，精致美丽；唐娜·卡伦（Donna Karan）——其设计以时尚、优雅的休闲装为主，设计较为简洁；卡尔文·克莱恩（Calvin Klein）——极简派风格的代表，以设计牛仔裤出名，其品牌的商业广告性感迷人；伊曼纽尔·恩加罗（Emanuel Ungaro）——其设计用色大胆微妙，被称为"印花的诗人"；费雷（Gianfranco Ferré）——其服装具有建筑风格；让·保罗·戈尔蒂埃——倡导破烂装，其服装时髦、大胆、前卫。

20世纪80年代的化妆风格呈现两级化的趋势：一种是鲜明的五官和明媚的妆容，包括浓浓的眉毛、深色的眼影与用化妆手段塑造出的轮廓分明的脸颊；另一种是朋克式的妆容——深紫色或深蓝色的眼影，剃掉一部分或全部的头发，用发胶和摩丝固定出来的奇形怪状的发型，在鼻子、耳朵、嘴唇、眉骨等处钉上钉子或金属环。

三、20世纪90年代至今：丰富的简洁·个性化的时代

"我为人们制造梦想，吸引他们买漂亮的衣服并尽我所能设

计令人惊叹的衣服,这是我的职责。"

——约翰·加里亚诺(John Galliano)

20世纪90年代是一个物质极度丰富的年代:生活富足、交通便捷、通信发达,因而心灵也随之减少牵绊而达到一个相对自由的阶段。人作为个体被最大限度地给予尊重和自由,个性化是这个时代的标签。这是一个极少限制个性的全球化时代,多元化是服装流行的重要特征;这是一个自由而彰显个性的时代,你可以随便装扮自己:简洁的、华美的、朴素的、出位的……无论什么风格,只要你喜欢。

20世纪90年代初的服装风格,是对80年代末复古风潮的一个反击,其设计风格大胆诙谐,具有离经叛道和荒诞不稽的特性。这种前卫的设计有一个不容忽视的代表作——尖胸装。

1990年,歌星麦当娜在全球巡回演唱会上穿了一套设计独特的"尖胸装",这件服装的特点是"内衣外穿",将女性的胸衣作为了演出服,并且特别突出了胸高点(BP点)。这套服装在当时可谓大胆,让全世界记住了让·保罗·戈尔蒂埃的名字,也领略了他前卫的设计风格。

20世纪90年代服装的另外一大特色是从20世纪这个时尚百年中汲取灵感,如50年代"垮了的一代"(Beat generation)、60年代的"嬉皮士"风貌、70年代的"朋克"风貌、80年代的"雅皮士"风貌,都可以作为他们的灵感来源。

对品牌的热衷与推崇也是这个时期的特色。1998—2004年热播的美国系列电视剧《欲望都市》(Six and the City)中有一个经典的时尚片断(fashion moment):女主角凯瑞在被劫匪打劫时,苦苦地哀求劫匪:"Please don't take my Manolos!(求求你别拿走我的莫罗!)"。随着这部风靡全球的美国电视剧的热播,鞋子品牌——莫罗·伯拉尼克(Manolo Blahnik)走在了时尚的最前端。这个品牌的鞋子因其华美外形和舒适的穿着感觉,成为明星们在奥斯卡颁奖典礼上的首选之一。

20世纪90年代以来,人们越来越趋向于个性化的着装风格,造成这个现象的原因:一个是客观原因,如很多人常常因为款式、尺寸、面料、颜色、做工等买不到合适的服装,这带动了个性化服装市场的发展。人体扫描、量体裁衣,并通过数码技术实现个性化服务成为今后服装发展的一个方向。另一个原因来源于人们内心的追求,个性化的着装

图42 麦当娜穿戈尔迪埃设计的"尖胸装"(1990年)

理念越来越被重视,人们渴望彰显个性、渴望与众不同。在经济条件允许的情况下,一部分人喜欢穿着能够代表自己性格与气质、体现自己审美品位、针对自己个人条件设计和制作的个性化服装。从某种层面上说,个性化的服装也是服装对人本身的尊重,它不仅承担了实用和装饰的作用,还体现了穿着者所要塑造的自我。

20世纪90年代至今,在化妆方面,虽然是多种风格并行,但自然和健康的概念越来越重要。与以往相比,化妆品的门类更加细化。

二、少数民族服饰类

浅谈少数民族传统服饰的保护与发展[①]

中国是一个多民族的国家，56个民族的人民在这块广袤的土地上共同谱写了丰富多彩的民族文化。少数民族传统服饰是民族文化中重要的组成部分，是中华民族传统文化百花园中一朵奇葩。它是物质文明和精神文明的双重产物，是每个民族自然条件、人文背景、传统观念、意识形态等方面综合作用力的结果，因此它的作用不仅仅停留在蔽体保暖等功能之上，它还承载着一个民族的历史、文化、习俗、审美等诸多因素，它是民族文化发展的"活化石"，是我们绝好的研究少数民族与民族地区的重要材料。但不容忽视的事实是，时代在向前发展，少数民族传统服饰在当今的时代背景下，已经部分或全部失去了它实用的存在环境。随着经济的发展和全球化进程的加快，少数民族传统服饰每分钟都在消亡，因此，对少数民族传统服饰遗产的保护与开发迫在眉睫。

一、流失现状分析

关于中国少数民族传统服饰的保存现状，基本情况不容乐观。少数民族传统服饰是社会历史文化精神生活的产物，时代发展了，生产生活方式发生了改变，制作服装的人的心理和精神面貌也发生了巨大的变化，所制作的服装款式特征也就有很大不

[①] 原文载《民族服饰与文化遗产研究——国际人类学与民族学联合会第十六届世界大会民族服饰专题会议论文集》，艺术与设计出版社，2009年版。

同，因此可以说少数民族传统服饰具有不可复制性。尽管国家和地方的一些博物馆与相关研究单位收集和保存了相当一部分的少数民族传统服饰，但对于数量较为巨大、品类相当丰富的民族传统服饰来讲，无疑是杯水车薪。一个严酷的现实摆在我们面前，那就是繁多的少数民族传统服饰实物正逐渐走向消亡，精湛的民族服饰技艺正逐渐走向湮灭，这其中涉及实物与技艺两个层面。

1. 两个层面的流失

（1）少数民族传统服饰的消亡

少数民族传统服饰的消亡侧重于物质层面，是服饰实物的流失，如苗族传统服饰品的流失。苗族服饰是我国少数民族服饰中最具代表性的服饰之一，其精美程度令人叹为观止。近年来，西方一些国家在我国收购了大量苗族传统服饰。一些外国的学者甚至说，中国几十年后要想研究苗族服饰只能去国外的博物馆研究。也许这种论调有夸大其词之处，但其发生的可能性确实值得我们警醒。

（2）少数民族服饰技艺的湮灭

少数民族服饰技艺的湮灭侧重于精神层面，是技艺的流失，具有代表性的是赫哲族的鱼皮衣工艺流失。因特殊的地理环境和生产方式，生活在黑龙江、松花江畔的赫哲族一直以鱼皮做衣服。然而，"近几十年来，随着布匹、化纤织物传入后，赫哲族人已改穿布衣"[1]。"鱼皮染色工艺已失传，缝鱼皮衣的线已改变成的确良线，已没人以鱼皮剪纹样做堆绣了，鱼皮服装文化处于濒危状态。"[2] 随着生活水平的提高，鱼皮衣的实用性能——穿

---

[1] 戴平：《中国民族服饰文化研究》，第154页，上海人民出版社，2000年版。
[2] 徐万邦：《赫哲族鱼皮服装》，载祁庆富主编：《民族文化遗产》（第一辑），第204页，民族出版社，2004年版。

用价值已经没有了，遗留下来的只是它的文化价值。服饰是实用价值、审美价值、文化价值和社会价值的统一体，人类的历史告诉我们"实用"始终是它首要的存在价值，因而赫哲族人民在特定历史时期利用所处自然条件创造的这种特殊的服饰技术面临着失传的境地。

2. 流失原因分析

少数民族传统服饰流失与技艺湮灭的主要原因，有以下4个方面：

（1）生活方式的改变

随着时代的进步，以汉族文化模式为主体的生活方式改变了民族地区原有的生活状态，旧有的生产方式、生活方式都因此有了巨大的改变，这其中当然也包括衣食住行之首的服装——各少数民族地区人们的服装款式、着装状态、着装观念、穿衣心理等，都发生了很大的变化。

（2）经济因素的冲击

商品经济因素对少数民族传统服饰造成了巨大的冲击，成衣流水线的批量生产使得耗时费工的少数民族传统服饰制作方式受到冲击。用几个月甚至一年的时间织绣出一件衣裳，在现代人眼里无疑是不可理解和无法接受的。

（3）立法因素的缺失

有关少数民族传统服饰遗产保护，在立法上比较薄弱，关于少数民族传统服饰的专门立法处于缺失状态。这使得对少数民族传统服饰的保护处于缺乏法律支持的不利境地。在这样的状况下，流失是不可避免的。

（4）其他因素的影响

除了以上所述3方面因素外，国内外一些机构和个人对中国少数民族传统服饰的摄取，都加速了其流失与技艺的湮灭。2006

年笔者在云南大理古城进行调查时，走访了洋人街一个经营云贵地区少数民族服饰的店，吴姓店主告诉我："外国人来买衣服，不像国内的人一样讲价，他们看着好的，不问价钱，成批成批地拿走。"在丽江古城另一个专营民族传统服饰的店中，店主告诉我："外国人来收衣服，都是成车成车地拉！"其流失速度由此可见一斑。

二、关于少数民族传统服饰保护的设想

2005年3月31日，国务院办公厅颁发了《关于加强我国非物质文化遗产保护工作的意见》，确定"保护为主、抢救第一、合理利用、传承发展"的指导方针，确立了保护的重要地位。如何进行保护？这其中涉及保护的原则和衡量的标准问题。

1. 保护的原则和衡量的标准

（1）保护的原则

前面已经讲过，少数民族传统服饰的宝贵之处在于：它是民族社会发展的一面镜子，在它的身上折射出了当时社会生产生活的诸多方面。因此，维持它本原的状态尤为重要。在文物保护中有"整旧如旧"和"整旧如新"的概念，笔者认为对少数民族传统服饰遗产的保护也应遵循"整旧如旧"的理念，在延长其使用寿命的同时，恢复其原有的时代风貌。

（2）衡量的标准

对少数民族传统服饰保护是否得当的标准应如何判定？我认为有二：一是这种保护是否最接近它的原生状态，这是我们能否无限贴近原貌地研究此服饰所被穿用的社会历史时期的重要因素；二是这种保护是否有利于其发展，保护不是终点，发展才能

使少数民族传统服饰葆有活力。这两点中，前者是基础，后者是补充，应该坚决杜绝名为"发展"、实为破坏的行为。

2. 已有的保护措施

（1）对少数民族传统服饰遗产进行实物保存

一些博物馆以及其他研究和科研机构在每年的相关预算中有一定的资金，是专门对少数民族传统服饰进行收购。这些收购工作取得了一定的实效，但在消失与湮灭速度惊人的形势下，其收购应在保证质量的前提下，尽可能地加大数量。没有充足的实物，对于少数民族传统服饰的任何研究和开发工作都是纸上谈兵。笔者甚至认为，即便仅仅是将这些实物作为"标本"留给后代，即便仅为展示之用，都意义重大。

（2）对少数民族传统服饰文化的研究

近十多年来，少数民族传统服饰文化领域逐渐引起人们的重视，关于其分支及综述的著作很多，如戴平《中国民族服饰文化研究》，杨正文《苗族服饰文化》，朱净宇、李家泉《从图腾符号到社会符号——少数民族色彩语言揭秘》，中国民族博物馆编《中国苗族服饰研究》，韦荣慧主编《中华民族服饰文化》，段梅《东方霓裳——解读中国少数民族服饰》等。这些著作从不同的方面对少数民族传统服饰文化进行了研究，在少数民族传统服饰遗产的保护方面作了理论上的积累。

（3）建立专门的少数民族服饰博物馆

一直以来，博物馆对人类文化遗产的研究起到了非常大的促进作用，各省、市（区）都有本地区本民族的博物馆。这些博物馆为保护少数民族传统服饰发挥了积极的促进作用。过去，大中型综合博物馆占中国博物馆的绝大部分，近年来，一些专题性的博物馆渐渐走进人们的视野。笔者认为，专门的少数民族服饰博物馆无论在数量上还是规模上都有巨大的提升空间。

(4) 纳入非物质文化遗产体系

根据联合国教科文组织 2003 年 10 月 17 日通过的《保护非物质文化遗产公约》中的定义,"非物质文化遗产"指被各群体、团体、有时为个人所视为其文化遗产的各种实践、表演、表现形式、知识体系和技能及其有关的工具、实物、工艺品和文化场所。从中我们可以看出,少数民族传统服饰(实物)和民族服饰技艺(服装及配饰的制作工艺)都可以被纳入"非物质文化遗产"的范畴之中。

2006 年 5 月 20 日,《国务院关于公布第一批国家级非物质文化遗产名录的通知》中①,共列入 518 项,其中少数民族传统服饰及技艺占了 17 项,具体见下表:

第一批国家级非物质文化遗产名录中关于少数民族传统服饰及技艺的部分

编号	项目编号	项　　目	所在地区
1	321 Ⅶ-22	苗绣(雷山苗绣、花溪苗绣、剑河苗绣)	贵州省雷山县、贵阳市、剑河县
2	322 Ⅶ-23	水族马尾绣	贵州省三都水族自治县
3	323 Ⅶ-24	土族盘绣	青海省互助土族自治县
4	324 Ⅶ-25	挑花(黄梅挑花、花瑶挑花)②	湖北省黄梅县、湖南省隆回县
5	368 Ⅷ-18	土家族织锦技艺	湖南省湘西土家族苗族自治州
6	369 Ⅷ-19	黎族传统纺染织绣技艺	海南省五指山市、白沙黎族自治县、保亭黎族苗族自治县、乐东黎族自治县、东方市
7	370 Ⅷ-20	壮族织锦技艺	广西壮族自治区靖西县

---

① 信息来源:中央政府门户网站 http://www.gov.cn。
② 编号 324 Ⅶ—25 的"挑花"一项中,只有湖南省隆回县的花瑶挑花属于少数民族服饰范畴。——作者

续表

编号	项目编号	项　　目	所在地区
8	371 Ⅷ-21	藏族邦典、卡垫织造技艺	西藏自治区山南地区、日喀则地区
9	373 Ⅷ-23	维吾尔族花毡、印花布织染技艺	新疆维吾尔自治区吐鲁番地区
10	375 Ⅷ-25	苗族蜡染技艺	贵州省丹寨县
11	376 Ⅷ-26	白族扎染技艺	云南省大理市
12	390 Ⅷ-40	苗族银饰锻制技艺	贵州省雷山县、湖南省凤凰县
13	434 Ⅷ-84	黎族树皮布制作技艺	海南省保亭黎族苗族自治县
14	435 Ⅷ-85	赫哲族鱼皮制作技艺	黑龙江省
15	513 Ⅸ-65	苗族服饰（昌宁苗族服饰）	云南省保山市
16	514 Ⅸ-66	回族服饰	宁夏回族自治区
17	515 Ⅸ-67	瑶族服饰	广西壮族自治区南丹县

3. 关于保护措施的新设想

（1）制定系统、明确，具有针对性的《中国少数民族传统服饰保护法》

法律具有强制性的约束效力，它可以对大到政府、社会，小到相关单位、个人都具有规范作用，因此有关法律的制定是保护措施的基础。对于相关法律的制定，很多人提出过类似的想法，关键在于要制定系统的《中国少数民族文物保护法》或更具有针对性的《中国少数民族传统服饰保护法》。何为系统？就是能够涵盖中国少数民族传统服饰的类别、种属、地区、特点等要素的法律，构架在一个全面的体系之上。何为明确？就是要明确被保护传统服饰的存在年限、技艺特点、保护措施以及违反该法律所要承担的责任，做到"有法可依、有法必依、执法必严、违法必究",只有被纳入法制化轨道才能使保护措施落到实处。

(2) 对少数民族传统服饰技艺传承者的支持

少数民族传统服饰技艺的生存特点就在于其传承性,因此对传承者的认定与支持尤为重要。首先是对传承者的认定,应从传承路线(很多是家族内代代相传)、技艺内容、技艺水平、技艺创新等多个角度进行考察,在每种服饰技艺的掌握者中遴选出最为适合的人才,通过一定的认定标准将其作为正式的传承人固定下来。

其次是对传承者的支持。对传承者的支持大体可分为两个方面:一是给予其一定的经济支持,如每年将一定的资金以工资或其他方式下拨;二是为其创造一定的工作空间,如在政策上明文出台保护措施或纳入各地方相关部门的正式编制。

(3) 建立少数民族传统服饰数据库

少数民族传统服饰数据库的建立是一项庞杂的工作,应包括文字资料、图片资料和影音资料三方面内容。文字资料方面主要涉及对各少数民族传统服饰的分类描述,包括具体款式(男装、女装、童装)、服装搭配、配饰组合、用色习惯、版型特点;图片资料主要包括对各少数民族传统服饰形象(包括整套服饰以及每套服饰的各个组成部分)的记录,包括单纯的实物形象记录以及对这些服饰的穿着状态的记录,如请当地本民族的穿着者按照传统的穿着方式进行穿戴等。

少数民族传统服饰技艺属于非物质文化遗产领域,对于这种非实物的文化形式来讲,文字和音像手段的应用是十分必要的。对各少数民族特有的服饰及服饰制作技艺进行系统地影像记录是一种比较特别的方式。在传统的以文字进行描述的基础上,音像手段在近年来被越来越多地应用。"迄今为止,影视作品尚不是民族学家的主要创作形式,但文字与影像之间的不可替代性,决定了这两种文化展示方法的独立性、互补性及其存在的价值。"①

（4）合理运用政府或民间组织的力量

对少数民族传统服饰的保护不是个体行为，它需要各个少数民族地区当地政府、群众的共同参与，也需要政府或民间组织力量来共同促进。

三、关于少数民族传统服饰文化发展的设想

随着时代的发展，少数民族传统服饰被赋予了新的形象和意义，其发展问题成为今天人们关注的热点之一，少数民族传统服饰文化以其璀璨的外观与深刻的内涵吸引着人们的目光。但其发展的情况并非尽如人意，消极的发展现象并不鲜见，归纳起来主要可以分为两种：一是民族服饰的庸俗化；二是民族服饰的符号化。比如满族的旗袍。旗袍，准确地说是改良旗袍，这是最能代表中国女性神韵的一种服饰，被称为国服。它是中国少数民族款式（满族服饰）和西方的立体裁剪（三维构架）相结合的成功典范，而今天却成为某些宾馆、饭店的服务人员的"工作服"。再比如一些旅游景点工作人员所穿的民族服装，刺绣粗陋、民族传统服饰搭配现代的鞋子等，使其服饰失去了传统的味道，成为服务于旅游的一种消极文化符号。这样的发展已经脱离它应该前进的轨迹。

1. 发展的方向、准则与界定

（1）发展的方向与准则

---

① 宋蜀华、白振声主编：《民族学理论与方法》，第344页，中央民族大学出版社，1998年版。

首先，应坚持促进其良性发展与循环的方向。如某些服装公司对少数民族传统服饰的"开发"，名为"开发"实为"破坏"。他们将一些民族服饰的局部（如绣片）分裁，然后缝缀到服装的领部、胸部、袖部等部位。民族传统服饰数量繁多，但随着时代的进步和人们生活方式、生活观念的改变，大部分已经退出历史舞台，很多专门的传统技艺也趋于湮灭，因此这些服饰终有一天也会穷尽。对少数民族传统服饰进行破坏并重新制成一件淘汰率极高的时装，这种行为无异于"涸泽而渔、焚林而猎"，不符合良性循环的开发方向。

其次，少数民族传统服饰的发展应该遵循一定的准则。笔者认为主要有以下两点：一是兼顾社会效益和经济效益。片面追求社会效益，则缺乏利益驱动力；片面追求经济效益，则失去社会效益的价值与内涵。二是重视其内在而不是表象，应探究其内在的文化内涵，而不是将其符号化、庸俗化。

（2）发展成功的标准界定

对少数民族传统服饰的开发是否成功的界定标准，应主要从3个层面来考虑：一是是否符合时代的要求和社会的需求；二是是否在保护的基础上促进了它的发展；三是是否取得了良好的经济效益和社会效益。

2. 少数民族传统服饰发展的途径

人类学的一些理论认为，文化的变迁是一切文化的永存现象、人类文明的恒久因素，文化的均衡是相对的，而变化发展是绝对的。巴尼特（H. G. Barnett）著于1953年的《创新：文化变迁的基础》一书，被认为是研究文化变迁的基本著作，书中阐述了创新是所有文化变迁基础的观点。时代在前进，对少数民族传统服饰的开发也要与时俱进。

（1）对少数民族传统服饰文化中意识形态的探究

从文化的切入点对少数民族传统服饰遗产中的文化要素进行探究，如从神话传说的烙印、图腾崇拜的影响、宗教信仰的浸润、审美特征的趋向等入手，研究其对少数民族服饰文化的作用。

（2）进行少数民族传统服饰的现代设计

从设计角度出发，对少数民族传统服饰的色彩、配饰、材料、搭配、细节、造型等方面进行深入研究，从而为现代的服装设计提供养分与启发。

（3）成立专门的少数民族传统服饰研究机构

专门的研究机构可以对少数民族传统服饰的现代化运用进行研发，并且可以与市场相结合，接受市场的检验。

四、少数民族传统服饰遗产的保护与发展的重要意义

保护和发展是不同的两个概念，它们之间既有区别又有联系。首先，两者之间存在一个先后的关系。发展是在保护基础上的开发，脱离开少数民族传统服饰本原的开发是无源之水、无本之木，而保护为发展提供了实物的保证。其次，发展是保护的延伸和目的之一，发展是在保护基础上的进一步拓展。进化论学派认为社会是在人类不断对新问题的适应中进化、发展的，少数民族传统服饰遗产的发展亦然，对其单纯的保护不是我们的目的，使之在今天的时代背景为我们所用才是发展的方向。

此外，对少数民族传统服饰的研究还有着它积极的现实意义。首先，少数民族传统服饰遗产一定程度上反映了它所产生和发展的社会历史阶段中各个民族的政治、经济、文化、宗教、审美等各个层面，是我们进行民族学、人类学研究的重要参考材

料；其次，少数民族传统服饰遗产中优秀的部分如特殊的技艺、独特的审美表征、别具匠心的搭配等，都可以给现代服装设计提供养料；最后，即使仅仅作为展示之用，也可以作为现代人了解几十年、上百年前少数民族人们的穿着与生活的绝好教材。

试论苗族盛装的文化策划及其实现

一、苗族盛装的基本概念

1. 苗族盛装的定义

民族传统服饰按基本的穿着场合划分,可以分为日常穿的便装和在节日、婚礼等特殊场合穿着的盛装。而根据更加细化的穿着目的,一些民族的盛装又可以分为盛装和二等盛装。盛装是所有服装中最复杂、华美的一种,主要以制作及刺绣等工艺手段所化费的时间以及技艺的优劣来衡量。二等盛装比盛装略差,所花费的工时比起盛装来要差一些,但也包括一些刺绣、镶嵌的工艺。我们这里所谈到的苗族盛装,指的就是苗族同胞在结婚、节日等重大场合所穿着的规格最高的、正式的服装。

2. 苗族盛装的基本特点

(1) 盛装材料

苗族盛装的材料大部分取自于天然。如从服装面料来看,都是制作者自己种棉、麻,收获后经过选花、轧花、弹花(此项为男子完成)、卷花、纺纱、倒纱、浆纱、牵纱、织布等复杂的

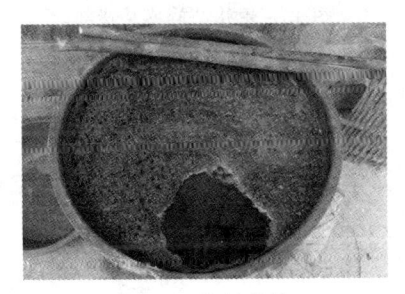

图42 染料蓝靛

工艺进行加工，然后用天然的植物蓝靛为染料进行染色，最后把其裁剪、缝制成衣物。

（2）盛装制作

苗族盛装的制作者是苗族的妇女，主要是个体的家庭手工制作方式。女孩子从八九岁起就开始学习纺织和刺绣工艺，到了十几岁就能够掌握基本的技术，传授方式为母女间、姐妹间或互相学习。没有掌握这一套工艺的妇女会觉得低人一等，甚至在婚姻问题上也受到影响[①]。苗族女孩一般是从十一二岁开始制作盛装，待到出嫁时一套华美的盛装就做好了，很多地区的苗族女子都是穿着自己一针一线制作的盛装走向人生的新阶段。

（3）盛装工艺

盛装的服饰工艺一般可分为纺、织、染、绣等不同种类，每个种类中还有更细的划分，包括刺绣、贴花、挑花、镶拼等很多复杂的工艺手段，费时费工，所花费的人力、财力和物力都非比寻常。

图43　贵州苗族盛装背部

（4）盛装款式

苗族支系众多，其款式的特点和差异并非数言可以道尽，现

---

① 贵州省《苗族社会历史调查》编写组编：《苗族社会历史调查》，第286页，贵州民族出版社，1986年版。

试论苗族盛装的文化策划及其实现

以台江县苗族女装的款式为例,管窥苗族盛装的款式风采[①]。

主体服装	主体服装分为上衣和裙子,上衣为大领或大襟,以编织的花饰和挑花、平绣、堆花、打子绣、贴花等工艺手段进行装饰
围裙帕	围裙帕是围在腰间的服饰部件,以刺绣、挑花或编织为手段,制成一幅约6寸的布幅,另外将一幅缎子布或土布一分为二,将其缝在主题布幅的两侧
头帕	一般采用木机编织,长2尺5寸、宽6寸,并绣有装饰图案
裹腿	裹腿以自织的土布制成,一般染成藏青色,长丈许,有些装饰以丝线
鞋子	鞋子一般以青色缎了或青丝绒制成,并绣有美丽的花纹
配饰	配饰包括全身上下的银质首饰以及衣服上装饰的银片、银链等

(5)盛装配饰

苗族盛装被称为"银子衣裳",这也道出了其特点——银饰的重要作用。银饰的装饰是苗族盛装重要的组成部分,贵州地区一套盛装通身的银饰有几十种之多,用

图44 配饰繁复的苗族女装

银量可达百两。置备一套苗族女子盛装可能需要一户苗家全家的财力,很多都是经代代相传而不断进行完善的。

各地区苗族盛装的配饰不尽相同,其组成也各有一定之规,甚至对种类、重量的规定都条分缕析。以下是台江覃膏地区银饰组成与重量的分配表,银配饰分为头部、胸部和手部三部分,有25个品种,用银共计142.25两。

---

① 此部分根据《苗族社会历史调查》编写。

台江覃膏地区银饰组成与重量分配表[①]

银饰部位	银饰品名	银饰重量
头 部	簪 子	0.7 两
	银 雀	4 两
	银 牌	3.5 两
	耳 柱	2 两
	耳 环	1 两
	后 围	0.4 两
	插头花	4 两
	银 梳	1.4 两
胸 部	猴 链	16 两
	银锁链	4 两
	"书泡"	5 两
	扭丝项圈	18 两
	"勋泡"	25 两
	花压领	15 两
	牙 签	5 两
	无花压领	10 两
手 部	空心手镯	1 两
	扭丝手镯	6 两
	圆手镯	5 两
	竹节手镯	1.5 两
	扁手镯	5 两
	空心扭镯	1.6 两
	蜈蚣手镯	3 两
	龙头手镯	4 两
	四方戒指	0.15 两

---

① 贵州省《苗族社会历史调查》编写组编:《苗族社会历史调查》,第302页,贵州民族出版社,1986年版。

二、苗族盛装文化策划概述

文化策划是文化策划者根据人们的文化需求，运用相关学科知识或现代科学技术，进行文化理念和文化活动的设计，以实现预期社会效益或经济效益的一种智能行为。

苗族盛装文化策划是以苗族丰富的社会历史文化为积淀，运用相关的文化理念，展开相关的文化活动，实现社会效益和经济效益的双赢——既推动苗族文化以及服饰文化的发展又得到经济回报——的一种智能行为。其实现途径主要有两个方面：一是社会与文化资源推广层面上的文化策划，其中社会资源层面上的推广策划主要可以通过媒体推广和大众宣传（如举办苗族盛装主体设计大赛）实现，文化资源层面上的推广策划的重要依托是苗族的历史与文化。二是设计与市场层面的文化策划，其中设计层面上的文化策划主要是从多个角度对苗族盛装进行再设计，使其更加切合现代的生活方式；市场层面上的文化策划包括对苗族盛装进行成衣化和高级订制服的现代设计。以下对其进行具体阐述。

三、苗族盛装文化策划的实现途径

1. 文化策划实现途径之一：文化资源与社会资源推广

（1）文化资源层面上的推广策划

在几乎所有的民族学书籍中，涉及民族服饰的内容一般归为物质文化的范畴。事实上，民族传统服饰兼具物质与精神双重属性，是民族传统文化的一个重要载体，它具有最基本的实用功能、进一步的审美功能和装饰功能最深层次的心理需求功能和社会认同功能。在它身上不仅体现了穿着者的性别、年龄、社会地位、审美趣味等因素，更体现了穿着者所属的民族的意识形态，如审美取向、宗教信仰、民族认知等。苗族拥有深厚的文化积淀，可以从历史、神话、传说、图腾与生殖崇拜等诸个角度得到印证，这些都对苗族盛装的形制、特点与装饰产生深远的影响。如从图腾崇拜的角度来说，苗族盛装的银冠就和对牛图腾的崇拜有关。在母系氏族时代，出嫁的一方是男人而不是女人，他们在出嫁前要被装饰一新。于是就将水牛的角绑到男子的发髻上，以此来显示男方的健壮。进入父系氏族时代以后，出嫁的人变成了女人，但装饰牛角的习俗还是沿袭了下来。后来人们觉得将牛角绑在新娘头上太过笨重，于是就用木刻牛角代替真正的牛角。再后来，随着生产力水平的发展，苗族人们开始用金属银来打造牛角，流传至今，成为苗族女性一种非常重要的首服配饰。除了牛以外，苗族的图腾还有五色犬盘瓠，其传说是一个美丽的故事[1]。我们可以在苗族支系的一些盛装中看到斑斓的色彩与犬的图案。这些图腾崇拜与神话传说对苗族服饰的影响，能够引起大众的兴趣，对其进行宣传，在一定程度上能够起到文化推广的目的。

以上所述都可以作为对苗族盛装文化推广的素材。随着生活水平的提高和精神生活的不断丰富，服装在遮寒蔽体的基本功

---

[1] 《后汉书·南蛮西南夷列传》："昔高辛氏有犬戎之寇，帝患其侵暴，而征伐不克。乃访募天下，有能得犬戎之将吴将军头者，购黄金千镒，邑万家，又妻以少女。时帝有畜狗，其毛五彩，名曰盘瓠。下令之后，盘瓠遂衔人头造阙下，群臣怪而诊之，乃吴将军首也。帝大喜，而计盘瓠不可妻之以女，又无封爵之道，议欲有报而未知所宜。女闻之，以为帝皇下令，不可违信，因请行。帝不得已，乃以女配盘瓠。盘瓠得女，负而走入南山，止石室中。所处险绝，人迹不至。于是女解去衣裳，为仆鉴之结，著独力之衣。帝悲思之，遣使寻求，辄遇风雨震晦，使者不得进。经三年，生子一十二人，六男六女。盘瓠死后，因自相夫妻。"

能、审美装饰的延伸功能之外,还要满足人们对文化的追求,有文化底蕴和"故事"的衣服最吸引消费者的目光。在国际舞台上,像迪奥(Dior)、夏奈尔(Chanel)等一些顶级品牌无一不是靠增强品牌的文化含量来取得最大的产品附加值的。纵观这些品牌,其历史至多100余年,无法与苗族源远流长的历史文化相媲美。

(2)社会资源层面上的推广策划

社会资源层面上的推广策划主要包括媒体推广、大众宣传、视觉促销等途径。首先,现代社会的一大特征就在于媒体巨大的推广力量,这种力量可以增加商品的知名度并进一步增加其附加值。其次,大众宣传对商品的推广意义重大。现代社会物质极为丰富,人们可选择的范围宽广,"酒香不怕巷子深"式的传统观念已是明日黄花。想要推广苗族盛装就要使更多的人知道它、了解它,进而喜爱它、想要拥有它(主要是"它"的改良设计作品),这样才能有更多的潜在消费者。这就涉及一个概念——视觉促销(VMD),视觉促销是通过对产品形象以及产品陈列的设计,创造出独特的销售氛围,向顾客传达产品信息、服务理念和品牌风格,从而促进产品销售、树立品牌形象的活动。对苗族盛装的视觉促销,包括对它的外观设计、包装、排列、品牌形象等一系列相关元素的设计。进行社会资源层面上的推广,还可以采用举办苗族盛装主题设计大赛等手段。在服装领域中,举办服装设计大赛是一个非常好的推广方式。一般来讲,服装设计大赛根据一定的主题(创意服装设计、婚纱设计、泳装设计)由企业或公司冠名,既推广了设计主题又扩大了主办单位的知名度。

2. 文化策划实现途径之二:设计与市场途径的文化策划

(1)设计层面上的文化策划

苗族盛装作为一种民族传统服饰,它的美丽与精彩毋庸置疑，但不可否认它并不适合现代社会快节奏的生活方式。因此，对其进行再设计就很有必要。对苗族盛装的创新设计主要包括以下几个层面：一是从款式设计的角度，将繁复的盛装款式简洁化、便捷化；二是从工艺设计的角度，完成从手工到机器制作的转变，成为人们日常穿着的衣服；三是从纹样设计的角度，将盛装的图案纹样、银饰纹样与现代元素相结合，增加时尚元素和现代感。

（2）市场层面上的文化策划

要想使苗族盛装真正得到发展，使其市场化、产业化和品牌化是一条重要的途径。苗族盛装的市场运作主要包括成衣设计和高级订制设计两个层面。

首先是将苗族盛装进行成衣化设计。成衣作为近代服装工业中的一个专业概念，指的是服装企业按照标准号型成批量生产的成品的服装。20世纪六七十年代以来，成衣成为现代服装产业中最为关键的概念之一。成衣是现代人生活中必不可少的部分，它的优点在于可以批量生产、价格较订制服装要便宜很多。对苗族盛装进行成衣设计主要可以从其民族元素的角度入手，如盛装的图案、颜色等。苗族盛装根据所处地区不同，有着较大的差别：黔东南地区苗族盛装使用的色彩主要以红色为主，主要图案花纹多用朱红色，其他图案多用浅黄、浅蓝、紫红和玫瑰红等色点缀；黔西北地区的小花苗披肩上的花纹图案是在白色底布下，以黄色为主，配以红、黑色，色彩鲜艳；威宁地区大花苗披肩花纹是在白色底布下，以红、黑为主色，具有强烈的视觉效果；贵州南开式苗族服饰上衣色彩以朱红和明黄为主，头饰以正红为多，色彩浓烈、奔放，非常具有视觉冲击力和艺术美感。在设计中，我们可以结合当季的流行色将这些古拙艳丽的色彩大面积运用或点缀在服饰的局部上，使服装既有传统的意蕴，又有时尚的感觉。

其次是高级订制领域。高级订制是针对个体穿用者和具体的情境进行服装设计和制作的一种服装类型。它针对性强，从面料的选择、款式的设计到制作等方面都有着较高的要求。它与苗族盛装在许多层面上具有相似性。其一，两者都是在较为郑重甚至隆重的场合中穿用。苗族盛装一般只在重大节日和婚礼等场合穿用。高级订制服装多为礼服，也是拥有者在重要的宴会、颁奖典礼或婚礼上穿用。其二，两者都是手工缝制。工业化的机器生产对于民族服饰来讲，只是近10多年来的事情，苗族盛装一直以来都是由心灵手巧的少数民族妇女手工缝制并代代相传。高级订制服装的一个重要的标志就是手工缝制比重大，这里的手工缝制既包括将各个衣片缝合在一起，也包括衣服上的绣、镶、钉、滚等诸多工艺的手工制作。所用的时间完全可以与缝制苗族盛装所花费的时间相媲美。其三，两者的工艺要求都很高。高级订制服装对工艺的要求非常高，技师都是有着十数年工作经验的专业人士。经常会出现一件女装晚礼服需要数种刺绣方法、数百个工时的手工制作。而苗族盛装是将本民族的服饰工艺经过千百年来的优胜劣汰流传下来的，其精细程度也达到了一定的高度。比如贵州织金苗族的百褶裙，经过特殊的传统工艺用几十米的布料压出300条褶裥，并且在每一道褶裥上都刺绣上民族传统图案，非常美丽。

高级订制的特点在于顶级的运作理念（其时间成本、人工成本、服务成本、材料成本、工艺成本都很高昂）、针对个体受众、手工制作比重大、设计含量高（针对特定的人、针对特定的穿着场合，遵守特定的设计要求），这些都与对苗族盛装在市场层面上的高端策划相吻合。

四、苗族盛装文化策划的意义

　　服饰作为衣食住行之首,在少数民族的日常生活中发挥着重要的作用。民族传统服饰是中国各个民族传统服饰的集成,它是一个民族物质文明与精神文明的集中体现,它是有形的物质实体,又是无形的精神载体,在它的身上体现着每个民族的源流、地域、历史、审美、传统等诸多方面。苗族盛装是民族传统服饰百花园中最为美丽的一朵奇葩,如何使它在现代社会中重放异彩,如何使"民族的也是世界的,传统的也是现代的"不仅仅成为一种口号?对苗族盛装进行文化策划无疑是一条必由之路。这对于苗族盛装文化的传承与发展,对于苗族传统文化的保护与弘扬皆具有重要的意义。

浅议民族传统服饰文化内涵的形成及审美特征

一、民族传统服饰的文化内涵

民族传统服饰兼具物质与精神双重属性，是民族传统文化的一个重要载体，它具有最基本的实用功能、进一步的审美功能以及最深层次的社会功能。在它身上不仅体现了穿着者的社会地位、经济条件、年龄、性别等因素，更体现了穿着者所属的民族的文化背景，如审美取向、宗教信仰、文化归属感等。其文化内涵的形成主要来自以下几个方面：

1. 神话传说的烙印
（1）神话传说对民族服装的影响
神话是客观事物在人脑中的一种特别的反映，英国人类学家马凌诺夫斯基（Bronislaw Malinowski）认为："存在于野蛮社会里的神话，以原始的活的形式而出现的神话，不只是说一说的故事，乃是要活下去的实体，那不是我们在近代小说中所见到的虚构，乃是认为在荒古的时候发生的实事，而在那以后便继续影响世界、影响人类命运的。"[1]

---

[1] 马凌诺夫斯基：《Myth in Primitive Psychology》，李安宅译：《巫术、科学、宗教与神话》，第121—122页。转引自凌纯声、芮逸夫著：《湘西苗族调查报告》，第166页，民族出版社，2003年版。

神话传说对民族传统服饰的形式、纹样与色彩等要素都产生过影响。如台湾的泰雅人认为，暗红色具有驱鬼的作用，因此他们的衣服都要染成暗红色，而其衣服上的纹样为菱形花纹，这代表祖先的眼睛，可使祖先保佑其平安。

（2）神话传说与民族服饰文化

民族地区有着大量的、丰富的口耳相传以及用诗歌、史诗记录下来的神话，这些神话传说对民族服饰产生了深远的影响。以下是其中几个范例：

① 土族妇女的"彩虹花袖"

土族妇女用红、黄、蓝、白、黑五色彩布拼接而成"彩虹花袖"阿拉肖梢，传说它是由七色彩虹幻化而成。其中五种颜色各有寓意：红色代表太阳、黄色代表五谷、蓝色代表青天、白色代表乳汁、黑色代表土地。

② 德昂族的筒裙

德昂族对红色的喜爱主要和一个传说有关，相传三个姐妹在远古时期的祭祀仪式上杀牛，牛尾上的血染到了衣服上，她们按照血迹的位置和深浅制作了筒裙；德昂妇女还在胸前缝两条红布，象征染红衣裳的牛血。

③ 彝族的"天菩萨"

彝族已婚男子有一个非常有特点的头饰"天菩萨"。彝族男性自幼在头顶偏前的位置留一绺头发，成年后这绺头发就既长又密，在婚后将它编成辫子然后盘成一个宝塔的形状固定于前额上方，是为"天菩萨"。这是一个彝族男人最为高贵的地方，即便是自己的妻子也不能碰触。"天菩萨"的产生和彝族的一个神话有关。相传在很久以前，一个叫阿里比日的彝族青年上山打猎，碰到了一条龙向他逼来，既勇敢又健壮的阿里比日将这条龙杀死并将其煮了9大碗龙肉吃了下去，吃完后他就晕倒在地沉沉睡去。当他醒来的时候发现自己的头上居然长了一只肉角，并且变得力大无穷。后来阿里比日做了彝族的首领,受到了人民的爱戴。彝族人民为了纪念这个民族英雄就开始蓄发并将之盘成角的形状,从而形成彝族的一个重要服饰现象。

④水族服装的纹饰

水族妇女的服饰整体上较为素净,一般为青、蓝两色。但引人注意的是,在衣服的领口、袖口和衣服的边缘会绣有色彩鲜艳、纹饰精美的花边。相传很久以前,水族人生活的地方潮湿而树木密集,草丛中经常有毒蛇出没,咬伤了很多水族人民。有一位聪慧的水族姑娘为了解救同胞苦苦思索,这位姑娘擅长刺绣,终于她想到一个好办法:用各色的丝线在衣服边缘的领口、袖口、衣襟、裤口等处绣上花边,再在鞋子上绣上花草。绣好后姑娘穿上这样的衣服走入深山,她惊喜地发现蛇类不仅不咬她还躲得远远的。姑娘马上把这个好消息告诉同胞们,于是水族妇女们纷纷在自己和家人的衣服上绣上花边,这种装饰手段也就流传下来。

⑤土家族织锦"西兰卡普"

土家族著名的织锦"西兰卡普"的诞生也有着哀婉动人的故事。西兰是土家族一个年轻美丽的姑娘,她擅长织布,花草是她织的布里常见的图案。一天,她梦见一个老人告诉她,世上最美丽的花是白果花,但只在夜间开放,只有最有心的人才能看到。西兰家的后院就有白果,但她从来没有看到白果开花。于是从那天以后,西兰每天半夜都去等白果花开,期盼能将这世上最美丽的花儿织到布里。西兰有个嫂子早就忌妒小姑的美丽和才干,于是对西兰的父亲说她每天晚上在后院私会情郎,败坏家门。是夜,西兰的父亲果然看到女儿深更半夜悄悄来到后院,一怒之下将终于看到白果花开的女儿打死了。土家族的人们为了纪念这个美丽、勤劳又不幸的姑娘,就将本民族的织锦命名为"西兰卡普"。

⑥基诺族白色尖顶帽

基诺族对白色的喜爱也是源于神话传说。相传远古开天辟地之时，基诺族的女性始祖阿嫫小白就是在这个时候戴着白色尖顶帽、穿着白色衣裙浮出水面来的，于是就有了人类。基诺族的后人就以这种白色尖帽和白色衣裙作为自己的民族服装。

⑦傈僳族的百片裙

百片裙是傈僳族妇女在节日上穿着的一种服装。这是一种风格独特，以上百片各色布料镶拼、缝制的衣裙。相传在很久以前，傈僳族男子为了保卫家乡出外打仗，妇女们留在家中从事生产。战争久久没有结束，思念家乡和亲人的傈僳族男子就把战争中得到的奖章用布包起来，托人带给家人。随着岁月的流逝，包奖章的布越积越多，于是同样思念丈夫的妇女们就把这些不同颜色的布一片片拼缝起来做衣裙，她们还把奖章钉在头帕和衣服上。这些用不同的布和奖章做成的衣服代代相传。后人看到这些服饰，就会想到先辈用鲜血和生命保卫家乡的传说。

⑧京族的遮胸

京族女性服饰无领而开襟，在胸部遮有一块绣有图案的菱形布块——"遮胸"。根据年龄的不同，遮胸的色彩各异，老年人多用白色或蓝色，中年人多用浅红或米黄色，年青人多用红色。相传，京族女子的服装最初与男子一样无领、开襟，因而袒露胸部。到了东汉时期，伏波将军马援来到交趾（秦汉郡名，今越南北部），见妇女袒胸而感到很不文雅，于是亲自为她们设计了一块图案漂亮的"遮胸"，这种装束也因此流传开来。

⑨畲族的凤凰装

凤凰装是畲族妇女最有代表性的传统服饰，具体穿着如下：以红头绳扎头髻盘于头顶，象征着凤凰的头；在上衣的领部、肩部、袖部和围裙的腰部、下摆部刺绣上大红、桃红、金黄色的各色花纹，其间点缀着金丝、银线，象征着凤凰的颈、腰和美丽的羽毛；后腰部垂下一条金黄色腰带，象征着凤凰的尾巴；周身悬挂着叮叮当当作响的银器，象征着凤凰的鸣叫。

相传五色犬盘瓠因平番有功，高辛帝招他为三驸马。在与三公主成亲时，帝后娘娘送给三公主一顶凤冠和一件镶着珠宝的凤衣，祝福女儿像凤凰一样吉祥、幸福。三公主在婚后生下三男一女，她将凤冠与凤衣送给女儿。从此，凤凰装成为畲族女性必备的传统服饰而代代相传，延续至今。

2. 图腾崇拜的影响

（1）图腾崇拜与少数民族

"图腾"一词本是美洲印第安人的方言，意为"他的族"。处于氏族社会的原始人对自然界的风、雨、雷、电等现象既怕又敬，而渴望受到庇护，因此将动植物作为图腾来保护自己。在20世纪初，"图腾"的概念传入中国。我国清代学者严复于1903年将英国学者甄克思的《社会通诠》译成中文，其中将"totem"一词译成"图腾"，此后"图腾"一词成为中国学术界的通用中文译名。

中国很多民族都有自己的图腾，对图腾的崇拜是少数民族文化中一个重要的组成部分。有趣的是，每一个民族不只有一个图腾——如彝族有数十个图腾，而某些图腾是为许多民族所共有。

（2）图腾崇拜与民族服饰文化

在民族传统服饰中，处处可以看到图腾崇拜的痕迹。这些痕迹可以体现在对服饰色彩的选择上，也可以体现在服饰图案的模仿上，并可以体现在服装形态的拟态上。以下是其中几个范例：

①彝族与黑虎图腾崇拜

凉山彝族尚黑色，作为统治阶级的黑彝多穿一身黑衣。传说彝族的起源和一只黑虎有关，因此黑色成为他们最重要的颜色，具有高贵、庄严的神圣意味。

②白族与白虎图腾崇拜

白族尚白起因于对白虎的崇拜。相传曾经有一位美丽的白族姑娘在梦中与白虎相交，醒来后就怀孕并生了一个男孩，无父的男孩就以虎为姓，长大后变为白虎在山林中时时保佑白族人。因此,白族喜穿白色的衣裳,白族的孩子多头戴虎头帽、脚着虎头鞋。

③苗族与盘瓠、牛图腾崇拜

"好五色衣服，制裁皆有尾形"的苗族和同样拥有色彩斑斓服饰的瑶族和畲族，他们的图腾都是五色犬盘瓠。有关盘瓠的传说在《山海经》、《魏略》、《玄中记》中都曾提及，比较详细的是干宝的《搜神记》，此外,《后汉书·南蛮西南夷列传》中也有较为完整的叙述。

相传在母系氏族时代，苗族出嫁的一方并不是女人而是男人，在出嫁前男人要被装饰一新。牛是苗族的图腾，人们觉得水牛是非常吉祥的动物，尤其它的两个犄角更是威风凛凛，于是就将水牛的角绑到出嫁的男子的发髻上，以此来显示男方的健壮。人类进入父系氏族时代以后，出嫁的人变成了女人，但装饰牛角的习俗还是沿袭了下来。后来苗族人觉得将牛角绑在娇媚的新娘头上太过笨重，于是就用木材雕刻成水牛角的形状来代替真正的牛角；再后来，随着生产力水平的发展，苗族人民开始用一种金属——银来打造牛角，用银打造出的角非常华美，流传至今，成为苗族女性一种非常重要的首服配饰。

④布依族与牛图腾崇拜

与苗族非常相似，牛也是布依族的图腾之一。一些地区的布依族妇女，每天起床后都要非常认真地用布在头上包裹出两个尖角形状的"牛角帕"。她们用来裹"牛角帕"的一般是一条两丈多长的布，先将其对折成为双层，然后确定中央的部分，由中间向两边慢慢缠裹，缠出尖尖的牛角形状。

⑤纳西族与蛙图腾崇拜

纳西族著名的七星披月披肩，也是对其青蛙图腾的一种拟态。纳西族自古以来崇拜青蛙，认为它是一种有灵性和智慧的动物，民间还将其称为智慧蛙。纳西人为了表示对青蛙的崇敬就将披肩裁成了青蛙的形状，上面的七个圆可以说是七颗星，也可以说是青蛙的眼睛。

⑥基诺族与彩虹色彩图案

对图腾的崇拜不仅限于动植物，还包括自然界的现象。"基诺族地处亚热带的基诺洛克山区，雨量十分充沛，天际常常出现彩虹。那瑰丽和谐的色彩，神奇地出现和隐没，都强烈地吸引着基诺人，'彩虹'也就成为他们崇拜的对象。"基诺族妇女们仿照彩虹织成五彩缤纷的条纹布，多以红、赭、灰为主调，或以蓝、绿、紫为主调，并加入黑、白等中性色彩，使图案华美而协调①。

3. 宗教信仰的浸润

(1) 宗教信仰对我国各民族的影响

宗教的英文词"religion"是从拉丁词"re"和"legere"演变来的，原意是"再"和"聚集"的意思，是人们为了一个共同的目的聚集在一起，后引申为人们为同一信仰聚集到一起。"宗教属于一种世界观和意识形态，因此，它也是一种文化现象，是以虚幻方式反映社会现实生活的一种文化体系。"② 其实，早在原始社会，宗教就已经存在了。宗教的产生与低下的生产力发展水平以及原始人类对自然的敬畏有关。

中国是一个多民族、多宗教的国家，56个民族的很大部分

---

① 龚田夫、张亚莎：《原始艺术》，第182页，中央民族大学出版社，2006年版。
② 林耀华主编：《民族学通论》，第455页，中央民族大学出版社，2005年版。

群众信仰着不同的宗教。中国各民族的宗教信仰有着如下特点：一是中国各民族宗教信仰种类繁多；二是一些民族信仰同一种宗教；三是同一个民族中有着多种宗教信仰。从历史到现在，宗教对我国各个民族的文化、心理、风俗、生活习惯产生了深远的影响。在信仰同一种宗教的民族中，共同的宗教信仰使得民族成员之间产生紧密的联系和归属感，宗教也成为民族感情的一种重要表达方式。同时，宗教对民族传统服饰的影响也非常大，如民族服饰的款式、用色、图案、暴露程度都受到宗教的影响。

（2）宗教信仰与民族传统服饰文化

服饰的宗教性是民族传统服饰文化的一大特征，这一特征赋予了民族传统服饰或庄严或肃穆或浑厚的外观，给民族传统服饰涂上了一层深厚的文化色彩。以下是其中几个范例：

①宗教对普米族服饰的影响

普米族具有"尚白"的习俗，这和他们的宗教信仰密切相关。普米族信仰"东巴教"，传说东巴女神是母系氏族的始祖，她身穿白衣白裙、骑着白色的骡子，因此他们认为白色是最美丽的颜色。

②宗教对藏族服饰的影响

藏族信奉藏传佛教，藏族人民的服饰十分重视文化性，并将生活中的动、植物以及吉祥物衍变为图案与花纹作为首饰的造型。此外，他们还会把宗教中的"双鹿法轮"、"六字真言"、"十项自在"、"吉祥八宝"、"万字符号"等众多的宗教文字、符号，用于藏族传统服饰的图案以及配饰的造型中。

③宗教对回族服饰的影响

随着中国西部陆路"丝绸之路"和东南沿海的"水上丝绸之路"的开通，穿着阿拉伯服饰和波斯民族服饰的穆斯林商人，来到中国内地与沿海通商贸易，伊斯兰教也随之广泛传播。这些穆斯林商人多为阿拉伯人和波斯人，他们中的很多人后来带着自己

浅议民族传统服饰文化内涵的形成及审美特征

的家人来中国定居。这些穆斯林妇女都身穿自己的民族服饰——阿拉伯长袍,头上戴着面纱。这些人是今天回族的祖先。

回族全民信仰伊斯兰教,伊斯兰教对穆斯林的服饰样式、质地、颜色等都有较为严格的规定,从而形成了回族所特有的民族服饰文化。回族服饰的特点:一是洁净;二是较为保守;三是简朴美观,这些可以从伊斯兰教义和回族人民的穿着中得到印证。首先从洁净这个方面,《古兰经》上有这样的话:"阿丹的子孙啊!每逢礼拜,你们必须穿着服饰。你们应当吃,应当喝,但不要过分,真主确是不喜欢过分者的。""你们应当爱好清洁吧!因为伊斯兰是清洁的宗教。""你应当洗净自己的衣服。"相传伊斯兰教创始人穆罕默德曾经对教民说过这样的话:"你们穿白色的衣服,它是你们最好的衣服。"

其次是较为保守的穿着方式,伊斯兰教认为裸体是丑陋的,《古兰经》中有这样的话:"我确已为你们而创造遮盖阴部的衣服和修饰的衣服,敬畏的衣服尤为优美,这是属于真主的迹象,以便他们觉悟。"伊斯兰教要求男子腰臀部位,妇女除手掌以外的其他部位都必须用服饰全部裹严。此外,相传先知穆罕默德不喜欢妇女穿暴露的衣服,因此回族妇女用衣衫遮盖全身,并用面纱将脸部遮住,不穿透明和曲线分明的服装。

最后是简朴、美观的服饰审美定势:回族服饰尚黑、白两色,伊斯兰教认为白色是最圣洁的颜色。因此,回族穆斯林也崇尚白色,他们穿白色服装,戴白帽,围面纱。波斯民族认为黑色深沉而庄严,伊斯兰教继承了波斯民族对黑色的喜爱,所以中国的回族喜欢穿黑长裤、黑坎肩,与白色衣裤相配,形成了鲜明的对比。

二、民族传统服饰的审美特征

中国少数民族的居住特点是"大杂居,小聚居,分错杂居",这种特点决定了各民族服饰之间具有相互影响的特性。每个民族在不同的文化内涵影响下形成了各自的审美定势。这些审美定势在某种程度上影响了民族传统服饰的面料选择、色彩选择、款式特点和外观特点。中国民族传统服饰在审美上拥有一种独特的自由与不拘一格。这里的"美"不受正统思维的局限,"美"和"丑"没有一定之规,比例、平衡、对称等并不是最为重要的形式美原则(当然这些原则是在潜在的发挥作用)。综观民族传统服饰,植根于各民族文化背景之下的审美特征大概可以划分为以下4个部分:

1. 审美特征之一:自由想象的美

民族传统服饰的审美特征中,首要的就是自由想象的美。之所以出现这种独特的审美取向应归因于中国各民族人民自由的想象空间和不被束缚的心灵特质。在欣赏民族传统服饰时,我们常常可以看到,很多民族的服饰充满想象的空间,很多图案都是按照他们认为的"美"的准则对其进行布局:大小、位置、颜色的搭配都没有一定之规。在同一个画面中,也许人比蝴蝶小好几倍,也许人比房屋大好几倍,龙可以没有脚,人可以悬在空中。这时,我们一面感叹"原来可以这样进行创造",一面折服于这种自由之美中。

想象力是民族服饰之所以能够如此异彩纷呈的原动力,能够体现这种自由想象的美的、具有代表性的服饰就是苗族的服饰。我们知道苗族的图腾有蝴蝶、牛、枫树等,苗族的服装中常常出

浅议民族传统服饰文化内涵的形成及审美特征

现牛首、蛇身的动物形象，或者蝴蝶长着一张人的脸，这些组合和他们的神话传说有关。苗族人民深信这些美丽的神话并将之体现在日常所穿的服饰之上。"苗绣中天上地下、水中陆地浑然一体，鸟可以在下，动物可以在上，看起来似乎很不合理。当您仔细看清画面表现的主要形象，便觉得上下左右都可以围着主要形象旋转。它以作者自我为中心，从向四周看的角度来表现。人可以上天下海，人神可以自由交往，真可谓人神杂糅，天人合一。"① 乍看起来我们会觉得很奇怪——这是美的吗？但抛开我们所遵循的审美定律与准则，我们会感到一种震撼人心的想象的美：古拙、热烈、自由、干净，像没有任何杂质点染的孩童眼中的世界，没有现实生活的束缚，如此自在又如此恬然。这种美更趋近于生命的本身，更趋近于我们内心的需要，这种美是没有被污染的纯粹与自由。

2. 审美特征之二：热烈粗犷的美

在欣赏民族传统服饰的时候，我们经常会有看到国际顶级时尚品牌的巅峰之作时的兴奋感，甚至，对前者的激赏程度更胜过后者，这是因为民族传统服饰所具有的热烈粗犷之美。在许多少数民族服饰中我们常常能看到抽象的人、花、树、动物，它们很多都造型简单、用色大胆、排列随意，像熊熊燃烧的火焰，带有一种热烈粗犷的民族特质和美感。这种通过简单随意的造型、色彩和布局所达到的美感，给我们的视觉冲击和审美震撼反而胜过现代那些造型复杂、用色讲究、布局精巧的图案和花纹。其奥秘可能恰恰在于，它从许多具体的条框、规矩中抽象出最根本的精髓，这种精髓形成一种力量，可以直达我们的内心。

---

① 中国民族博物馆编：《中国苗族服饰研究》，第124页，民族出版社，2004年版。

贵州南开式苗族女盛装，从头饰到服装的上半部多用洁白、艳红、朱红、明黄、煤黑等颜色，色彩浓烈、奔放，其间穿插着图案的变化、面积的对比；下半部则用较暗淡的青蓝、青绿。云南壮族妇女细腰、小圆摆的青黑色亮布上衣，配以数量繁多、银光闪闪、做工异常精细的银颈饰、耳饰、手饰，于内敛中散发出热烈之美。而用色鲜艳浓烈的藏族服饰，其服装、配饰与藏族妇女那乌油油的黑发配在一起，本身就是一幅画。

3. 审美特征之三：和谐内敛的美

在中国的各个民族之中，许多民族的传统服饰都具有热烈浓郁的美感，这种热烈浓郁的色彩是外放式的，张扬了民族服饰文化的独特魅力。但也有不少民族服饰整体给人的感觉是内收的美，这种美悄悄绽放，也许第一眼看上去不打眼，但细细品味，自有一种和谐内敛的宁静味道。比如壮族居住在云南省马关县赌咒河的侬人支系，他们的服装为黑色亮布的上衣下裙，头戴黑色包头。上衣仅到腰的上部，为精巧的圆摆，边缘装饰有刺绣或镶边，衣领为短短的小竖领，上面也装饰有细细的刺绣或镶边，上衣前开，从上到下一排细细密密的银钮，下面的裙子一般装饰不多，裙幅较大，与上身的收腰短上衣形成对比。整套服装以黑色为主，只在边缘装饰有细小的饰边，穿着者佩戴悬垂的银耳环、银项圈和各种银颈饰，在大面积的黑色上点缀小面积的银色，整体呈现一种和谐内敛的美。

4. 审美特征之四：肃穆浑厚的美

如前所述，宗教信仰深深植根于民族传统文化之中，并对民族传统服饰从款式、色彩到图案、配饰都产生影响，使其带有一种肃穆浑厚的美。哈萨克族服饰尚白。哈萨克族的萨满巫师巴克瑟的法衣是一身白色，并饰有白天鹅的羽毛，这是因为在哈萨克的原始宗教中白天鹅是天神的化身。相传哈萨克的始祖为白天鹅姑娘，萨满以白色为法衣的颜色，以白天鹅的羽毛做帽子，旨在拥有白天鹅那样飞翔与浮水的能力，获得强大的力量。

藏族服饰也尚白。在藏族人民眼中，白色象征着美好、纯洁、善良和光明，是吉祥的象征。在藏族传统服饰图案中常常见到"十"字和"卐"字纹样。前者在宗教中是"完满具足"的意思，后者在宗教中是"圆通"的意思，人们把它们用到服饰上，以期得到佛祖的护佑。此外，有一些藏族的配饰也与宗教有关，如佩饰"嘎乌"，这是一个小型的佛龛，有人字形的屋顶，两边是柱子，中间放置一尊小佛像。这些都使其传统服饰具有一种肃穆浑厚的美。

贵州省雷山县西江苗寨传统服饰调查报告

一、西江苗寨简介

西江苗寨位于贵州省雷山县，地处国家级雷公山自然保护区的雷公山麓，海拔833米。西江距雷山县城36公里。据2005年第五次人口普查数字显示，西江苗寨共有1285户5120人，其中99.5％为苗族，有"千户苗寨"之称。西江属亚热带湿润季风气候，年平均气温在14℃～16℃，年平均降雨量为1300毫米。居民所住为木质吊脚楼，多依山而建，景色秀美。

西江苗族是黔东南苗族的重要组成部分，现主要居住的苗族是"西"氏族。西江苗族过去男女皆穿长裙，包黑色头巾、头帕，故称"黑苗"；女子裙子很长，在脚踝左右，也称"长裙苗"。

西江苗语是汉藏语系苗瑶语族苗语支中部方言的北部次方言。西江现使用的文字是通用的汉语言文字，本民族之间说苗语，孩子从小都说苗语，和外族沟通时说汉语，一般当地的群众都基本可以用汉语与外来者对话。西江的节日很多，主要有祭祖节日和生产节日两大类。祭祖节日主要以"牯藏节"为代表，生产节日有"开秧门"、"吃新节"、"吃秧包"和苗年节等。

西江苗寨包括羊排、也东、平寨、南贵4个行政村及10多个自然寨。西江主要以苗族为主，全寨2088户，80％以种田为生。西江人普遍友好好客，一般迎客时摆长桌宴，并唱苗语祝酒

图 45　西江苗寨

歌，翻译为汉语主要内容如下："欢迎你们来到我家做客，我家没有什么好饭菜，端出淡淡的米酒来招待你，希望你不要嫌弃，喝下这杯米酒表达我的心意。"

接待我们的管理办公室负责人介绍说，很多专家提出：西江的开发不要过度，要"先保护再开发"，因此，西江镇政府首先重视的问题不是开发和打广告，而是如何保护，保护的目的是为了长远的发展。在发展的过程中，先保证村民的利益，再保证游客的利益，而这也是为了长远的发展。

西江自1999年起被列为贵州省重点保护与建设的民族村镇，在2000年始开展旅游项目。2001年县政府曾举办了一个苗年节活动。2005年，千户苗寨成为"中国民族博物馆西江分馆"，并承办2005年雷山苗年文化周西江分会场活动。2008年，第三届贵州旅游产业发展大会在西江成功举办，对西江产生了很大的宣传作用。西江2008年接待游客77万多人次，其中贵州本省的游客占了 60%；2009 年度截至 8 月 5 日，共接待游客 30 多万人次。

西江旅游开发的力度很大，投入了大量资金。如在电力方面，西江在 20 世纪 70 年代已通电，但基本都是马灯；2008 年投资 400 万元建设电力，在 2008 年 9 月建成，平均每户 3~4 盏灯，电费由镇政府支付。每天晚上 8 点左右，苗寨各家各户的电灯都亮了起来，天色与群山相连成为黑色的幕布，遍布在山上的近万盏电灯在这个黑幕中如繁星发出点点光芒，非常好看。又如在建筑方面，西江苗寨许多新建筑都是在 2008 年 3—9 月用半年时间建成的，建筑都遵循与寨子原来建筑风格统一的原则。寨中原有 2 座风雨桥，最近又造了 4 座，每个造价在 60 万元左右。再如在旅游支出方面，西江电瓶旅游车司机的工作时间是从早上 8 点半到晚上 10 点半，工资为 1200 元；导游工资为 1500 元，在当地都属于较高的收入水平。（西江苗族同胞主要以种田为生，温饱没有问题，一年的收入在 1000 元上下，现在很多家庭开展

图 46 新建的风雨桥

了旅游服务业，收入有所提高）

二、西江苗族传统服饰款式概述

西江苗族传统服饰分为便装和盛装两种，便装为日常穿着，样式较为简单；盛装是传统服饰的菁华，为节庆和婚嫁等场合穿着，在款式、色彩、图案和配饰上都极为讲究。女子的传统盛装尤其华美，款式古朴、色彩丰富、图案精美，造价也很高，市场价为一套合人民币 7 万至 8 万元，仅上衣和衣服上的配饰就合人民币 2 万至 3 万元。

1. 便装

（1）男子便装

男装形制为上衣下裤的款式，上衣的衣襟主要有左衽大襟和对襟，以对襟上衣最为普遍，也有左衽长衫的款式。上衣有衣片 6 片，分别为左、右前片，左、右后片，左、右袖片。衣襟处以布扣系合，左襟为扣眼，右襟为扣子。上衣的前摆平直，而后摆呈弧形。颜色多为藏青色、青色与蓝色等素色。下着阔脚长裤，裤脚盈尺。下装有衣片 4 片，分别为左、右、前、后 4 片。

（2）女子便装

女装形制为上衣下裤或上衣下裙，上装一般为大襟右衽上衣和无领交叉式上衣两类。袖子较窄，袖端、衣襟和肩部以花带装饰，宽为 3 厘米左右，过去为手绣现在多为机织的装饰带。为了方便还在上衣外罩一个类似围裙的胸巾，上平、下为三角形，在上端中间部位有 5 厘米见方的刺绣装饰，下端与衣摆基本齐平。其中无领交叉式上装，没有纽扣，以布带在腰部系合。女子便装颜色一般为青色、蓝色等素色。衣料过去多为自染的蓝靛土布，现多为灯芯绒、平布、绸缎等。下装为各式百褶裙和长裤。女子穿便装时在头顶偏后处挽一髻，髻前戴木梳、插花或插银簪。

2. 盛装

（1）男子盛装

西江苗族男子盛装为左衽长衫，外套马褂，质地一般为绸缎、真丝等材质，颜色多为青、蓝、紫色。

（2）女子盛装

西江苗族女子盛装为上衣下裙的组合。上衣为交领无扣大领衣，有内、外两层，内层为自家织染的棉布，外层为紫色、蓝色的绸缎。前襟、衣袖、两肩等部位以挑、绉、打籽等绣法绣出各种图案。此外，在袖部、肩部和背部还缀满各种图案的银花片。下着青色家织布长裙，有许多细密的褶皱。一般还在长裙外罩24 条花飘带，象征 24 个节气。飘带是在红黑底上绣龙、凤、花、鸟、鱼、虫、蛙等图案，每条飘带由 5 节段图案组成，中间以珠子连缀。穿盛装时头上戴银冠、银角，颈部系压领、项圈，

图 47　女子盛装袖部刺绣

再饰以银头花、银手镯、银锁、银耳环、银戒指、银梳、银泡、银插针等,脚穿绣花船形鞋。西江女子传统盛装上的纹饰华美,有龙纹、鱼纹、鸟纹、蝴蝶纹、角纹、云波纹,其中龙纹种类较多,有蛇龙、蜈蚣龙、叶龙、鱼龙、狮龙、飞龙、水龙、蚕龙等,造型古朴有趣。盛装所采用的刺绣技法有平绣、辫秀、绒绣、挑花绣等10多种。红、黄、蓝、紫、绿色等较为鲜艳的颜色是盛装装饰部位的重要用色。

三、西江苗族传统服饰的传承现状和留存方式

1. 西江苗族传统服饰的传承现状

(1) 实物的流失

据当地博物馆负责人介绍,西江传统服饰流失问题严重,一个小贩子手中就有传统服饰300余件,而这样的服装贩子在西江不在少数。经调查笔者发现,一些家庭会将传统的手绣盛装卖出去,根据衣服的质地、做工、品相,价格高低不等。此外,除盛装外的其他传统服饰也被作为商品进行买卖。如笔者在古街的"苗寨阿姐巧手屋"买了一个小孩帽顶和一个布挎包。帽顶为人民币70元,这个用过的老帽顶与很多新帽顶一起放在托盘中,价钱没有分别。在攀谈的过程中发现,一般游客买新的服饰品居多,认为其"新、干净",但店里还是卖出去很多"看起来很脏"的老东西。挎包为人民币50元,是将老的蜡染刺绣袖片缝缀在新的蜡染包上,非常漂亮,但想到被"肢解"的老衣服还是有些惋惜。店主介绍说:"外国客人来,卖70元的货给他要再加200元。他们一般不还价,很懂行,喜欢老旧的东西。"像这样被中外游客买走的传统服饰,数量巨大。

(2) 服饰技艺的湮灭

今天苗族传统盛装的变化之一就是制作方式的改变，即从手工制作改为机器制作，过去手绣精美、灵动的图案到现在都变成整齐、刻板的机绣图案，色彩也没有过去的丰富和温润，浓烈的大红大绿，失却古秀之美。经采访，西江苗寨中 40 岁以上的女子基本都会绣花，30 岁的有一部分会绣花，20 多岁的大部分都不会绣了。年青一代中，虽然每个人都有一套盛装，但 20 多岁的女孩因上学或出去打工，也没有时间学绣工。

除了衣服本身，银饰可以说是苗族服饰最大的亮点。过去西江家家户户的男子不是会造吊脚楼就是会打银器，姑娘们出嫁时衣服上的银饰一般都是由父兄打造，而现在会这门传统手工艺的人越来越少。现在在西江打银器一般有两个渠道：一是附近有一个叫控拜的银匠村。近些年其工匠很多都远赴北京、上海等地打工或开店，干得好的都能在这些大城市买房子，留守的只是小部分人；二是古街，有许多专门打银饰的店面。但工艺和花型都发生了很大变化。汉化的现象较为严重，与传统的银饰相比虽然越来越精细，但失去了苗族服饰中特有的古拙之美。此外，在材质上，这些配饰也发生了变化。苗族的服饰被称为"银子衣裳"。用白银打造是它的一大特点，但现在因为成本和原料等因素，多改为用白铜打造，已不是严格意义上的银饰了。在制作工具上，以前使用风箱，现在使用的是汽油。

(3) 传统民族服饰日渐淡出人们的日常生活

在西江采访时发现一个现象，除了中老年人（中老年人中也有一部分为了方便穿汉族服饰），大部分的青年人和小孩都穿西式的现代服饰。这是因为传统苗族服饰都由手工制作，穿坏了可惜，而成衣化生产的现代服装价廉物美，劳作时损毁了也不觉得可惜。此外，刺绣的衣服多不能洗，其布以植物来染色，牢固度较差。据采访，做一件女子盛装，从织布、染色到缝制、刺绣，

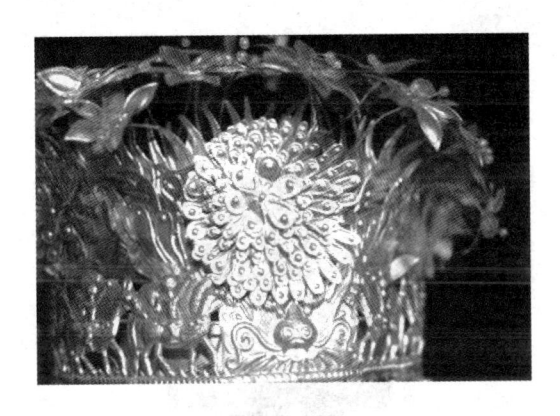

图48 女子盛装银冠局部

所需时间为一年，且这一年的时间是不干其他农活、单做衣服所需要的时间（所需时间因个体差异有所不同，这里所指的一年是一个平均值）。除了自穿外，做出的衣服只有少数能被卖掉，所以愿意花时间做这个费时费工的活计的人越来越少。

2. 西江苗族传统服饰的留存方式

（1）作为日常穿着的便装

作为日常服饰穿着是西江苗族传统服饰的留存方式之一。经观察，日常穿着传统便装的人基本是中老年女子。这种便装主要是款式传统，衣服的质料和图案已有所变化。一般来讲，老年女子所穿传统便装为青黑色自染土布，没有什么花纹和图案，非常素雅，头上盘髻，插木梳、银梳为多。中年女子所穿传统便装多为丝绒等买来的面料，颜色有紫红色等，头上盘髻，插银梳和红色、粉色花朵。年轻人除了传统节日外，一般不穿传统服装。

（2）作为重要场合礼服的盛装

在婚嫁、节庆等重要场合，西江人会穿着盛装。在这些特殊的日子里，人们会拿出自己最美的盛装服饰来穿戴，女子头戴银冠和银角，并将与其搭配的项饰、胸饰、手饰等银饰戴在身上的

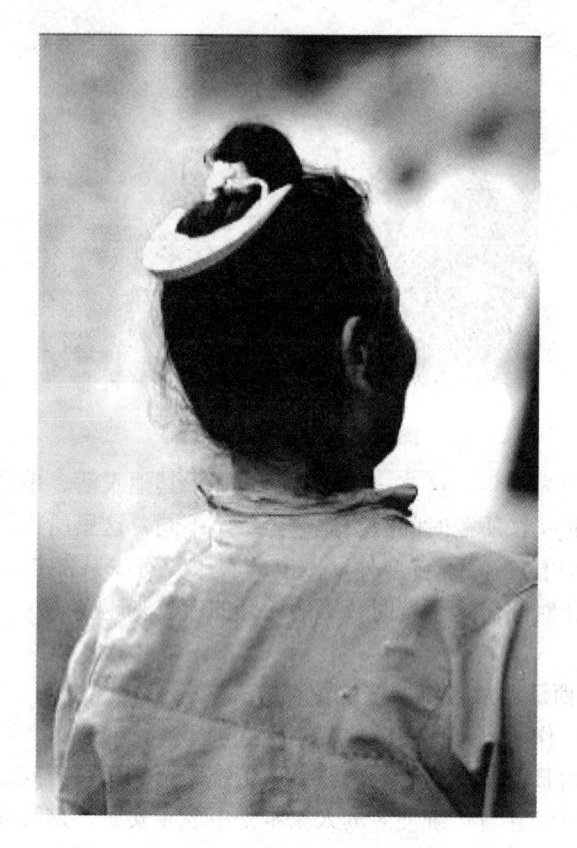

图 49　老年女子便装与头饰

各个部位。

（3）作为母女间传承的盛装

西江苗族女子每人都有一套盛装，一般都是由母亲亲手缝制、刺绣，具有很深的纪念意义。每个家庭中，妈妈会根据女儿的人数做盛装，每个女儿出嫁时各给一套作为嫁妆，并多做一套作为自己的"老衣裳"。女儿们做了妈妈后再给自己的女儿每人做一套，自己留一套作为"老衣裳"。

①被采访者：毛云芬大娘（52周岁）

羊排村村民毛云芬大娘，年轻时从外地嫁到西江，自己的盛装留下给妈妈（90多岁）作纪念。毛大娘说，盛装的上衣天天做要做三四个月，其上银饰为纯银，是由自己父亲打造；盛装主体的颜色：年轻人穿蓝色的，老年人穿黑色的；其上花边的边为银色的纸，不能洗，每个袖口有4只蝴蝶。毛大娘拿出一件女儿的盛装上衣，这件上衣衣长61厘米，通臂长136厘米，领高8厘米；前衣片31厘米（包含5.5厘米镶边），后片为2片，宽60厘米，后片衣角的银饰为▲形，竖向9.5厘米，横向10厘米。衣身为蓝色，袖子缝缀一块黑色棉布，针脚很细，1厘米大概要缝6针，后背银饰共10片。毛大娘介绍说："衣服上的花带都是自己织的，盛装上的花带、腰间的花纹都是老妈妈蜡染的。"据调查，年青一代已经很少有人会织这种花带了。

图50 毛云芬大娘（右一）与三女儿的盛装

我问起她学刺绣的时间，她说："小时候就开始学，15岁学成，自己绣，没人教，花样是自己画上后自己绣的。"毛大娘介绍说，这件衣服做了有24年了，大女儿嫁到广东没什么机会穿，也不喜欢，就没带走；二女儿自己有；这件就给小女儿了。"这种衣服在孩子十五六岁时就开始给她做，做一年才能完成。有农活时在地里干活，没农活时在家做衣服。"采访时毛大娘正在做背儿带，是给在县医院实习、还没有出嫁的小女儿做的，她给每个女儿做了一个。

②被采访者：顾姓大姐（36周岁）

古街顾姓大姐介绍说："我有两套衣服，一套是妈妈做的，上边的银饰都是由我爸爸和哥哥打的。现在爸爸老了，哥哥接着做，在古街上有一个门面。我现在是给我14岁的女儿做盛装，手中袖头的这片得做一个月，一件上衣得四五个月，下裙四五个月，一套得做一年。"当我问到造价时，她说："上衣的料子加上线等成本在四五百元，裙子成本在200元左右，全套银器在4000～5000元，如果用白铜得两三千元。"这确实是一笔不小的开支。

③被采访者：杨丽芳大姐（34周岁）

被采访者杨丽芳大姐拿出了4件自己的盛装上衣，这是我此

图51 穿盛装的杨大姐

行见到的、拥有盛装最多的一位西江女子。以时间为顺序，第一件是杨大姐姥姥所穿的，有 90 多年历史，古朴淡雅，尤其是衣服上的图案非常地生动，是我此行所看到的、艺术水准最高的女子盛装上衣；第二件是杨大姐妈妈的盛装，有 70 多年的历史；第三件是杨大姐自己的盛装，有 30 多年的历史；第四件是杨大姐平时参加活动时穿的盛装，为机绣，很新，只有两三年历史。

杨大姐介绍说："我出去跳舞时都不穿那套银子做的，怕掉，穿铜做的。"因为各种活动日益增多，当地人近年来一般都备有一件这样的机绣盛装，以备参加集体活动时穿着，其上的配饰为白铜，穿上这样的衣服，即使脏了、磕了、碰了，也不心疼。

（4）作为表演服饰的盛装与便装

西江古街上有一片大广场，每天中午 11：00 至 11：45，与下午的 5：00 至 5：45，分别有一场歌舞表演，表演者为西江千户苗寨歌舞表演队演员。

这两场表演的演出服一般都是传统的苗族盛装，也有一些是便装。从服装的样式来看，演出服有盛装与便装两种；从裙子的长度上看，有短裙、中裙和长裙。在其中一个群舞节目中，女孩

图 52 集体活动中身穿机绣盛装的女子

图 53 经过改良的苗族演出服

们所穿的裙子是西江附近短裙苗的百褶裙。这种百褶裙长度在膝盖以上 10 厘米左右，与其相配的是小腿肚上的绑腿。上衣为右衽的大襟衣，衣长比传统的短裙苗上衣短 5～10 厘米，上衣与裙子之间露出一大段女孩纤细的腰肢。短裙苗的传统衣服一般不露腰或只露出很小一部分腰，而这种表演服很明显是经过改良的舞台服装，更为大胆与现代。而在另一个男女对唱节目中，戴银冠、穿盛装的女演员后衣领向后下方袒露很多，与日本和服的领部相像，也是一种用于表演的夸张设计。

贵州省雷山县西江苗寨传统服饰调查报告

图 54 租赁服装的游客

（5）作为商品的盛装和便装

作为商品的盛装有买卖和租赁两种形式。作为商品买卖的有盛装和便装两种服装，买卖场所既可以在临街的店铺也可以在村民自己的家中。根据质料（自织的暗纹布和自织的普通粗布）、刺绣（精美和粗糙）与品相（完整与损坏）的好坏，衣服的价格差别很大。从我走访的 20 多家店铺来看，一般一件盛装上衣价格在 600 至 1800 元人民币。有还价的余地；一件便装上衣的价格在 60 至 300 元人民币。因利益驱动，村民卖出的服装数量很少。

作为商品租赁的服装一般多为盛装，租赁地点是在寨子的广场北侧或在附近山顶的旅游景点。收费按次来计算，一般租一套盛装的价格在 10 元左右，照几张都可以。付完钱后出租者会按照传统方式给顾客穿戴上，因为竞争激烈，所以服务态度很好。这种为拍照出租的盛装一般年头都不会很久，绝大部分是现代的机绣品，配饰也都是用白铜所制。

四、西江苗族传统服饰传承的可行性途径

1. 实物的保护与手工艺技术的传承

（1）实物的保护

西江苗寨对传统服饰实物的保护措施主要有如下两个：

一是西江苗族博物馆馆藏。该馆现藏有西江苗族 30 多套盛装，款式各异，图案精美，品相较完好。

西江苗族博物馆于 2008 年 9 月 28 日正式开馆，面积 1700 平方米，坐落于古街中段，是一座新建成的二层吊脚楼，建筑风格与周围的老建筑融为一体。西江苗族博物馆由苗族历史文化厅、歌舞艺术厅、服饰与银饰厅、生活习俗厅、生产习俗厅、建筑艺术厅 11 个厅（室）组成。博物馆包括正、副馆长共有工作人员 8 名。作为一个新成立的博物馆，西江苗族博物馆需要做的工作有很多。据采访，其下一步的工作计划，首先是提升博物馆的硬、软件，包括人员的引进；然后就是对实物的收集与完善。

二是镇政府推出的新举措——利用挂牌的家庭博物馆来对西江传统服饰等文化遗产进行保护。对每个家庭博物馆每年都进行评级，有一级、二级、三级三个等级，根据所评等级每年给予一

定的补助。在 2008 年度文化遗产保护评级补助中，镇政府对 35 户村民进行了表彰，其中一级家庭博物馆 2 户，每户各获奖金 2000 元；二级家庭博物馆 3 户，各获奖金 1200 元。与出售这些实物一次性得到的收入相比，这种细水长流式的收益方式无疑对人们具有更大的诱惑力。此举有效地提高了群众积极参与民族文化和文化遗产保护的意识，在村民受益的同时，实物也得到了保存和保护。

图 55　唐兴发家庭博物馆一隅

（2）手工艺技术的传承

据西江管理办公室的工作人员介绍说，在西江"民族文化进课堂"的项目中有一项是教学生刺绣，后因资金等问题没能继续下去，非常遗憾。在对传承人的培训工作中，资金短缺是一个很重要的难题，需要政府和社会等各方面给予关注。

2. 将传统服饰作为旅游产品开发

西江古街上有很多卖当地特色产品的店铺，传统服饰占有很大的比重。这其中主要是传统服饰及其相关产品，如围巾、鞋子、手包等。经调查，这些店铺主要是直接将传统服饰进行买卖，或拆分其中某些部位（如袖子上的绣片）缝缀在新的衣服、围巾或包上，破坏了原有服装的完整性，极为不可取。对于作为旅游品开发的传统服饰的相关产品，应以对其进行重新设计为出发点，如从西江苗族传统服饰的色彩、配饰、材料、搭配、细节、造型等方面入手，对其进行深入的研究，从而进行与时代相结合的现代旅游产品开发。

3. 将民族服饰日常化

如前所述，因为成本、手工时间、褪色等问题，西江苗族民族传统服饰逐渐淡出人们的生活。在我采访的过程中，大约80%以上的当地人都认为苗族传统服饰比西式的现代服饰要漂亮得多，但同时他们也承认穿民族服装"成本高"、"不方便"，而西式现代服饰"坏了也不可惜"。因此，苗族传统服饰日常化也存在一些改良问题，如改手绣为机绣、改费时费工的自织面料为现代的丝绒、合成纤维面料；在款式上，结合现代人的审美稍作修改，并在此基础上进行大批量的成衣化机器生产。这样的服装既尊重了当地人的审美观，保持了民族特色与传统特色，又解决了传统服饰在现代生活中穿、用的诸多问题。

4. 举办形式多样的相关文化活动

多种形式的文化活动，利于民族传统服饰的保护和传承。2006年3月，中国民族博物馆与雷山县委、县政府共同举办了首届"苗族赛衣会"，黔东南地区有300余户苗族同胞参加，将他们的2401件苗族传统服饰拿来参展，在宣传苗族服饰文化的同时，也增强了苗族同胞对传统服饰的保护意识。

5. 对传统服饰文化进行研究

现在一些学者从神话传说的烙印、图腾崇拜的影响、宗教信仰的浸润、审美特征的趋向等方面入手，对西江苗族传统服饰文化进行深入研究，以使这种美丽的服饰以文字的形式流传下去。

西江之旅虽然结束了，但研究没有结束，思考没有结束……

三、服饰文化类

三、服飾文化类

求同与融合

——小议服装的民族化和国际化

今天，全球化的趋势体现在我们生活的各个领域，作为人们"衣食住行"之首的衣文化更是深受其影响，如何处理服装的民族化和国际化之间的关系？这个老问题又被重新提了出来。

一、东风西渐与东成西就

"当其他设计师都往街头找灵感时，加利亚诺却往史料里钻。"
——1989年英国某时尚杂志

从20世纪初期的保罗·波列（Paul Poiret）开始，西方设计师就纷纷从世界各民族的服饰文化中汲取灵感。到了20世纪60年代，时装圈兴起追求民族、民间风味的流行趋势。这股"民族风"最终也波及了高级时装和高级成衣的时装舞台，设计师们纷纷从民族文化中汲取灵感。同属东方民族的日本设计师也一改他们西化的设计风格重新审视自己民族的传统，转而从本土文化中吸取养分。三宅一生、高田贤三、山本耀司、川久保玲（Reikawakubo）等设计师对东方经典进行了西方式的演绎，使他们在国际时装舞台上赢得了很高的声誉。值得一提的是，这些设计师的共同特点为："求异"的设计思路。无论是三宅一生以日本面料改良的、同时具有平面和立体双重感觉的"一生褶"，抑或是高田贤三打破西方立体曲线的束缚而宽松了的人衣关系；无论是川久保玲颠覆传统审美的"破烂式",抑或森英惠(Hanae Mori)日本传统图案的现代应用,在求异求变方面他们都是个中好手,所以他们在以欧美设计师一统天下的国际舞台上占有了一席之地。

二、求异与求同

"虽然国际的联系已经更为快速,风格也更为国际化,但是在美国和欧洲境内,已经形成反对文化统一的风潮。国家主义在国内升起,民族服饰亦然。"

——Alison Lurie

不可否认,对于东方民族元素的应用,西方设计师存在着先天的优势。西方哲人曾经说过:距离产生美感。东西方之间遥远的距离(这个距离不仅仅是空间上的,还包括意识形态等思想领域)给予他们从西方看东方、从现代看古代的得天独厚的视角。他们站在地球的另一端看古老东方的中国,好奇者有之,喜爱者有之,猎奇者亦有之。但无论处于怎样的心理,关键是他们没有思想上的禁锢与束缚,即使不能深层次地把握中国传统文化的深刻内涵,但依然可以毫无禁忌地运用天马行空的想象力来"诉说"他们眼中的东方。无论是旗袍、水墨画,还是折扇、盘扣,只要是东方的,就把它重新排列、组合,毫不相关的元素被大胆地结合,不用对其进行文化底蕴的深度挖掘,只要它有强烈的视觉冲击就可以(事实上,他们做到了这一点)。他们的优势和成功就在于他们没有民族历史的包袱,不必深究、不必刻意,只需把传统服饰的灵感用现代的手法、材质和感觉表现出来即可。因而他们的这类作品往往能够出人意表,具有强烈的视觉震撼力,这是与他们一贯的"求异"思想相吻合的。

求同与融合——小议服装的民族化和国际化

回顾西方服饰发展的历史,"求异"是其不变的主旋律。如20世纪初波烈拿掉束缚妇女的紧身胸衣带来了东方风情;20世纪20年代夏奈尔混合了男装的元素为妇女设计了全新的套装;20世纪30年代夏帕瑞丽对惊世骇俗的骷髅毛衫、拉链的运用;20世纪40年代迪奥重新强调女性味,推出"New Look";20世纪50年代玛丽·昆特来自街头的超短裙;20世纪60年代圣洛朗设计的"蒙德里安风格"……直到20世纪末,每一次的变化都是对以往的否定,都是求异求变的结果。

而在古老的中国,从走出"文化大革命"的阴霾之日起,国人就努力地脱下单调的颜色,渴望与西方绚烂的色彩同舞,亦步亦趋追赶着不断变换的潮流和款式。于是,直到今天"求同"成了中国时尚圈的思维定式。"与世界融合"、"与世界接轨"等语句时时回响在我们的耳边,这种融合、接轨实质上就是以西方文明为标准的"国际化",就是向西方的审美取向、价值观念、意识形态的无限靠拢,而这些都是在他们本地的土壤中培植的花朵,本不适宜毫不改良地移植。然而,我们现在依然过多地对西方设计形式和外在特征进行模仿,这种模仿没有建立在中国市场的基础上,没有建立在我国的经济水平、综合国力、生活观念、大众的接受水平的基础上,因而只是空中楼阁,最终难免昙花一现的命运。

三、师心不师道

"外师造化,中得心源。"

——[唐]张璪

2003年,联合重组后的新国航,统一了以"国韵"命名的新职业装，此次职业装的招标引起了社会各界的广泛关注，最后这项代表中国职业装行业顶级设计的招标由法国设计师拉皮杜斯中标。这不禁使人们想起，十多年前国航的制服也是由法国设计师（皮尔·卡丹）设计的。这次职业装的工艺和面料都由国内提供，所以说拉皮杜斯只为我们带来了设计。这不禁又会引起我们的思考：在本土设计师纷纷落马的此次招标中，难道只有法国设计师才能诠释出中国"国韵"的精髓吗？西方的设计师成功地吸纳了中国民族文化的元素并把它外化为国际化的表达方式，而我们负载了5000年的华夏文化却难以直达它的精髓，难以在服装的民族化和国际化的天平上找到一个最佳的结合点，这不能不说是一个遗憾。

现代社会，服装语言的国际化，加深了民族服饰神秘浪漫的独特意味，因此更易为国际流行时尚所吸纳。全球一体化的程度越高，民族独有的服饰文明所散发出的独特魅力就越能拨动人们的心弦，20世纪末的"东风西渐"就是最好的说明。当我们以一种理性的目光去审视国际化的流行时尚时就会发现：民族化的服装就其思想本质而言是一种文化符号，只有各国各民族的诸多文化符号相互融汇，才共同构成国际化的服装语言。现代设计走入"后现代"之后，对古典的回归又成为一种趋势，也为中国服装的民族化与世界时尚的国际化接轨铺平了道路。

历史在发展，"越是民族的就越是国际的"这个论断也在发展。拥有5000年丰厚文化的积淀，我们是没有权力妄自菲薄的，关键是抓住服装民族化的真正含义，而不是曲解它：拼凑和卖弄不是民族的本质，脱离时代的生搬硬套只会陷入狭隘的怪圈，陷入形式主义的泥潭。整体不是细节的叠加，而是从中发现美和生命力的构成因素，把它抽离出来。真正民族化的服装不是立领、盘扣、对襟、刺绣、丝绸等元素的堆砌，而是深藏在这些元素中的传统文化精髓。元素的组合只是外化的具象的"形"，真正需要抓住的是民族文化抽象的"神"——表现中国传统文化的本质内涵,再把它外化为一种国际性的语言。

　　文化的形成是有着深厚的历史渊源和丰富的文化内涵的,因此珍视传统民族化的服装、发掘其珍贵的文化内涵是我们义不容辞的责任。然而,不容否认,传统的民族服饰已不能适应现代的生活节奏,我们只有潜心去研究中国漫长的文化,从根本上去把握、思考它,才能以这个时代的语言去诠释它。这是一个打破和重建的过程,打破民族服饰中不适应现代生活的样式和服装结构,突破我们对民族服饰的具象的认定(如前面所说的立领、盘扣、对襟、刺绣、丝绸等),从这些细节中抽离出它的本质精神,重建一种国际化的时装语言,实现民族服饰文化的蜕变和复兴。而民族化只有在融入时代的潮流中时才能实现民族服饰文化的重建。

四、融　　合

　　"传统并不是现代的对立面,而是现代的源泉。"
　　　　　　　　　　　　　　　　　——三宅一生

　　毋庸置疑,服装发展史告诉我们,服装的发展基本上是由强势文明向弱势文明覆盖的。在今日这个工业文明高度发达的时代,作为率先步入工业社会的西方,它的服饰无论从功能还是裁剪上都反映了工业时代的价值观念和生活取向。于是,以欧美西化服饰为主的服装形态成为历史的主流、成为"国际化"这个名词的标准。以中国传统服饰为代表的东方民族的服饰形态是农业文明的产物,属于一种弱势的文明,因此才造成我们今天着装西化的大趋势,这是历史的必然。但如果深入探究我们就会发现,世界文明的发展不是一元的，而是多元化的，西方文明也不应该被认为是唯一的坐标，它只不过恰好最适合人类资本主义的发展时期而已，因此不能简单地认为西方文明才是国际化的全部，它的发展也会存在必然的"瓶颈"。要突破这种"瓶颈"只有求诸于其他民族文明的成果，所以"中国元素"、"东方风情"等开始被源源不断地运用到设计中。

其实，无论是我们本民族的传统服饰还是西方的现代服饰，在本质上没有孰优孰劣之分，它们都是在特定的物质文明中发展起来的，是生产力发展的不同阶段的产物。文明的前行和工业化的生产方式使宽衣大袖不能适应现代都市的快节奏，于是完全传统的民族服饰不可避免地退出时尚的舞台，对此，我们不应妄自菲薄；而西方工业文明的高度发展带来的种种负面影响，又使中国深厚的传统底蕴和"天人合一"的思想遍及欧美，对此，我们也不必妄自尊大。我们要做的是想清楚应该如何审视自己的文化、如何审视这个时代、如何在服装的民族化和国际化之间达到平衡。

五、结　　语

服装设计不仅仅是对衣服的艺术设计与表达，它还是生产力状况、经济发展、意识形态、伦理观念等非艺术因素的综合作用力的结果，以及在此之上的设计理念与设计意识。不考虑生产力、生活观念和商业实现而一味地模仿西方的设计，这种"求同"是盲目的，这种设计没有根性、没有个性，也没有实际意义，而且它不是真正的现代化。只有把所有的因素通盘考虑之后，深入民族文化实质、借鉴西方的现代理念而设计的服装才能达到民族化和国际化的融合，这种融合才能抛开虚浮的形式外衣，才是真正的精神上的融合。

　　服装的民族化和国际化是一体的两面：民族化是我们的根本，国际化是我们的走向。把握民族化与国际化的辩证关系，通贯古今，融汇中西，设计出既有我们民族精神内涵、又能体现国际化时尚的服装，才是我们的出路所在。

浅议国际时装舞台上的中国风尚[1]

一、国际舞台上的中国元素设计

中国传统服饰与西方时尚服饰的关系，就其本质来说，是地域性的东方传统服饰文化与全球性的西方现代时尚服饰文化之间的关系。二者之间之所以有交流、有碰撞，关键在于双方存在的巨大文化差异，这种文化差异造成了二者在款式、结构、颜色、细节等方面的不同。这种文化差异散发出具有神秘地域文化色彩的吸引力，是引发设计师们借鉴和吸纳的内在动力。

迈入 21 世纪以来，国际服装舞台上中国风盛行，并在 2008 年北京奥运会前后达到顶峰。2008 年，韩国设计师安德烈·金（Andre Kim）在上海发布了最新的 2009 春夏时装系列，将中国传统的龙、凤纹样，青花瓷以及中国红运用到婚纱设计中。2009 年，在阿玛尼春夏高级定制（Armani prive）的时装秀上，大师为我们呈现了展示传统中国文化的饕餮盛宴——水墨画、流苏与中国结的巧妙运用；中国绸缎面料的质感与流行紧扣；中国传统折扇的造型成为礼服上时尚的图案，对中国传统花卉的图案进行解构与重组；中国传统建筑飞扬的华丽檐角成了肩部美丽的装饰；黑色与大红、艳紫与明黄，对比强烈的浓烈色彩"冲撞"出传统而又现代的奇特效果。模特们一律戴着黑色中国式娃娃头假

---

[1] 原文载《中国纺织》，2009 年第 7 期。

发，使中西方风格的对比和融合更加强烈。克里丝汀·迪奥品牌于 2009 春夏推出了多款以荷兰陶瓷为灵感、视觉上类似于中国青花的礼服。此外，法国高级定制品牌 On Aura Tout Vu 在 2009 春夏系列中的一些款式，也以中式的造型与青花为主题，展露出中国式的情调。

图 56　2009 春夏阿玛尼高级订制系列

二、"东风西渐"由来已久

如果回顾历史我们就会发现，在国际时尚舞台上，"东风西渐"是由来已久：从 20 世纪初的保罗·波列（Paul Poiret）开始，汲取中国的文化元素进行设计，就成为西方设计师们的一条重要设计思路。这股风潮缘起于 20 世纪初俄国芭蕾舞团在巴黎的公演，其演出服的设计借鉴了东方元素，色彩浓艳、面料轻透，充满了奇妙的异域风情。一时间，反响强烈，整个巴黎的空气里都弥漫着东方的味道。热爱中国文化的波烈深受启迪，推出了一系列具有东方风格的服饰，其中"蹒跚裙"和运用中国式廓形的"孔子大衣"成为那个时代的时尚标志。

20世纪20年代，著名设计师可可·夏奈尔也非常善于从各种文化中吸收养分，她非常喜欢中国艺术，其寓所中的黑漆木中国屏风和中式家具都曾带给她设计的灵感。2005年，夏奈尔品牌甚至推出了名为"夏奈尔之东方屏风"的化妆品系列。夏奈尔的现任掌门人卡尔·拉戈菲尔德几十年如一日的招牌形象，就是方框的黑墨镜、向后梳的小辫子以及一把中国折扇。

20世纪60—70年代，世界时尚舞台上流行民族风貌，很多设计师都从各个民族传统服饰中寻找灵感，其中中国传统服饰是其主要灵感来源之一。如设计师伊夫·圣·洛朗推出了中国风格系列时装：笠形帽、立领宽袖上衣、长裤与皮靴。该款式中没有特别具象的中国传统元素，但中国清代满族服装的感觉却一望便知——其首服和上衣明显类似清代的戎装。这个系列成为圣·洛朗在这个时期的代表作。

运用中国传统元素最为精彩的当属迪奥的设计师约翰·加利亚诺，在20世纪90年代中期，他以顽童般的诙谐不羁先后将20世纪初的上海风情和40年代的红军形象搬上了迪奥的T台：浓艳妖异的妆容、超长的中式立领、西式的"中国旗袍"，30年代旧上海的妖娆伴以《红太阳》的背景音乐，达到了让人惊艳的舞台效果。此后，亚历山大·麦克奎恩（Alxander Mcqueen）、缪缪（Miu Miu）、奥斯卡·德拉伦塔（Oscar Dela Rela）、安娜·苏（Anna Sui）等品牌纷纷从东方文化中寻找灵感，一时间北非风情、印度民俗、中东袍服、印第安色彩，轮番成就了国际时装舞台上的浮光媚影。

浅议国际时装舞台上的中国风尚

图 57　约翰·加利亚诺的设计作品

三、典型设计手法解读

"东风西渐"的时尚风不仅仅停留在 T 台上，还穿在了明星的身上，成为各大颁奖典礼的焦点，有的迎来赞许，有的遭到批评。1997 年，妮可尔·基德曼身穿一袭迪奥手绣改良旗袍出席奥斯卡颁奖典礼，这款礼服有着高高的开衩、一字领的改良设计，金色的面料与基德曼红色的秀发相得益彰。1995 年，当丽兹·嘉蒂娜穿着一件由 254 片美国运通金卡连缀而成的礼服出现在奥斯卡颁奖典礼时，这款极似汉朝金缕玉衣的华服吸引了所有人的眼球，但也因其呆板的模仿风格引起非议。究竟应该如何将中国传统服饰文化与时尚流行趋势相结合才是又美丽又适度的？让我们从 5 个设计角度入手，对西方设计师几种典型的设计手法一一进行解读。

1. 中国神韵的引申运用

对中国神韵的引申运用不仅仅是停留在具体的款式或元素上，而是对中国传统文化神韵的一种摹写。如 20 世纪 90 年代，在以"敦煌"为主题进行的设计大赛中，大部分设计者脑中浮现的都是飞天、佛像等具象的表达，而一名外国设计师则是将敦煌最具有代表性的三种颜色提炼出来，用美丽的花纹形状作载体，将其放在衣服的局部，敦煌的主题就体现了出来，从而完成对其风神的摹写，成为成功的设计范例。

2. 中国服饰元素的运用

中国服饰元素主要指的是中国传统服饰中的组成元素以及细节，比如某些款式细节——立领、盘扣，某些服装的装饰与配饰——中国结、折扇，某些服饰图案——龙、凤等吉祥纹样，等等。

约翰·加利亚诺在设计中就经常运用中国传统服饰纹样及造型，如清朝满族朝服中的龙凤纹样、苗族刺绣纹样以及银饰等。他甚至直接让模特穿上以往只有皇帝才能穿上身的龙袍，当然这龙袍是经过改良再设计的样式，给人们带来强烈的视觉震撼。

设计师让·保罗·戈尔蒂埃在 1999 年设计了一款以中国折扇为灵感的礼服：粉色的面料，X 形的廓形，从胸部至大腿部位都很紧身，膝盖以下像打开的花朵，最为精彩的是从前胸至下摆

浅议国际时装舞台上的中国风尚

不规则地装饰有 20 多把打开的中国折扇，典雅而充满中国风情。在戈尔蒂埃 2008 年秋冬巴黎高级订制系列中，刺绣图案、宽宽的束腰、中式发髻等中国元素俯拾皆是，其中一款以中国肚兜为灵感的裙子美丽妩媚，非常抢眼。

图 58　让·保罗·戈尔蒂埃的设计作品

2004 年设计师汤姆·福特（Tom Ford）离开 YSL 之前的告别之作，就是以中国服饰元素为灵感来源。充满中国风情的服装系列在中国京剧的吊嗓和阵阵锣鼓声中徐徐登场：旗袍式立领造型，面料多为绸缎，用色鲜艳大胆，充满了对襟盘扣、云纹与刺绣图案及裁剪成龙鳞肌理效果的皮草披肩。

3. 中国文化元素的运用

中国文化博大精深、内涵悠远、意味深长，它拥有与西方文化完全异质的文化特点与文化思路，这也是吸引许多西方设计师以此为灵感进行设计的根源。设计师伊夫·圣·洛朗在中国举办作品展时曾说："中国一直吸引着我，中国文化、艺术、服装、传奇故事都令我神往。"

很多中国文化元素被运用到服装设计中，如中国的水墨画。水墨画讲究的是意境，但这难不倒设计师们。黛安·冯夫丝汀宝（Diane Von Furstenberg）2008年秋冬高级成衣系列中，一款立领的旗袍式小礼服，其图案就是经过装饰化的中国花鸟水墨画，具有一种高雅的气质。迪奥品牌曾有一款设计，是在白色的面料上用中国泼墨山水的手法装饰上黑色的花朵，仅仅用黑、白两色，却别有一股妩媚的韵致。

青花瓷是西方设计师非常钟爱的一个中国文化元素。罗伯特·卡瓦列（Roberto Cavalli）2005年秋冬系列中，中国的青花被装饰在女人体这个凹凸有致的"瓶子"上，整款服装束胸、收腰，膝盖处打开为大大的扇形，模特完美的身材暴露无遗，将美丽发挥至极致。

京剧是中国的国粹，京剧脸谱也是深受西方设计青睐的一个文化元素。设计师瓦伦蒂诺（Valentino）就曾将京剧的脸谱做成配饰，装饰在模特的头上、身上，甚至手包上。

此外，中国的音乐还被设计师应用到发布会的背景音乐中。郎万（Lanvin）服装发布会最后谢幕的音乐，取自电影《游园惊梦》的原声带，用充满老上海情怀的老歌作为完美的结尾，弥漫着东方情调的迷幻和神秘。

4. 中国色彩的应用

对色彩的喜好反映了一个民族的审美观与内在气质，这是使我们能够抛开款式、工艺等因素，只参照颜色就能判断出中西方服饰的原因。总体来说，中国传统服饰用色鲜艳、浓郁——中国红、明亮的黄、神秘的紫和幽静的蓝。近现代的西方服饰色彩，总体上来说以含蓄内敛居多，如白色、米色、咖啡色、黑色等。西方设计师在接触了中国文化后，被神秘、浓郁的东方色彩所打动，于是，其设计中对东西方文化的解构与重组理念为我们在时尚舞台上所常见。如 2009 年阿玛尼高级订制系列中，设计师一改内敛、高雅的品牌特征，抛开常用的白、灰、黑、米等色，转而运用艳紫、明黄等充满冲突与对比的颜色，体现出一种东方的神秘美感。

5. 典型时期典型区域服饰形象的借鉴运用

中国一些典型区域的历史时期总能引发西方设计师的创造灵感，比如 20 世纪 30 年代的上海，这个时期的上海最具有代表性的服装是中西合璧的改良旗袍。改良旗袍体现了东方女子含蓄而雅致的神韵，端庄素丽、婀娜娟秀，代表了中国近代女性的形象，是中国文化的象征之一。它还是中国传统服饰与西方现代裁剪技术的结合品，体现了西方服饰理念中对人体曲线的强调。约翰·加里亚诺在 1994 年的设计就是从这个时期中汲取的灵感：时装化的旗袍、中国式立领、夸张的侧开衩、充满光感的红色、印着月份牌画的油纸伞、黑色的假发，这一切都那么的陌生又那么的熟悉。

在中国的历史朝代中，清代离我们最近，其服饰的装饰手段非常繁复，因此成为最多被设计师借鉴的来源，如其服饰中的"八宝立水"纹样。前文提到的汤姆·福特 2004 年秋冬系列中的一款礼服，就是将"八宝立水"纹样进行一定的变形作为衣服的主题花纹，此款礼服成为整场秀的点睛之作。近日，一些国内高级订制品牌也纷纷用装饰感极强的"八宝立水"作为衣服主体部位的图案。

四、结　语

中国传统文化散发出的神秘魅力，使得西方设计师纷纷从中汲取力量与灵感。时装的发展史告诉我们，那些将元素进行堆积、生搬硬套的作品最终躲不开昙花一现的命运，而那些抓住传统文化元素风神的作品则可以穿越岁月，成为永恒的经典。如何使我们的设计不流于表面而深入中国文化与中国风格的精髓？这是我们接下去应该思考的问题。

中西服装风格比较初探

　　西方有一种说法——服装是人的第二层皮肤（The second skin）。将衣服比做附着在人体上的皮肤，说明在西方服饰文化中，"衣"与"人"之间是一种密不可分的依存关系。随着时代的进步、观念的转变与现代技术的发展，新型的材料甚至可以真的像肌肤一样紧紧地箍在人身上，"衣"与"人"之间已经容不得一丝一毫的空间了。而在中国，自古以来"衣"与"人"之间就是另外一种状态。中国魏晋南北朝时期的竹林七贤，以"任情放达、风神潇朗、不拘于礼法、不泥于形迹"而著称。《世说新语·容止第十四》中，有关于竹林七贤之一刘伶的一则有趣故

图59　"人"与"衣"的紧密——三宅一生的设计作品

事:"刘伶放达,裸形坐屋中,客有问之者,答曰'我以天地为栋宇,屋室为裈衣,诸君何为入我裈中?'"刘伶所说虽是戏言,但仍可从中感受到魏晋名士不羁的风度,感受到中国古代"衣"与"人"之间松散的关系。

服装风格是每个时代最能代表其时代文化和特色的服装主导样式。张爱玲曾经说过:"对于不会说话的人,衣服是一种言语,是随身带着的一种袖珍戏剧。"一语道出了衣服于人的重要意义。而中国和以欧洲为代表的西方在不同的时期、在服饰这一领域形成了不同的风格。

一、文化背景的差异

中西方服饰之间横亘着一条宽宽的"河流",这条河流的名字叫做"文化差异"。中国传统服饰从外观到内核,从形态、款式到意蕴,都体现了中国传统文化的浸润。中国传统服饰是以中国儒家思想为核心的多重传统文化为底蕴,与中国的文化史、思想史密切相关。无论是春秋战国时期的"天地有大美而不言",汉代的"天道自然",魏晋南北朝的"得意忘象"、"气韵生动",还是唐代的"同自然之妙有",宋代的"身即山川而取之"、"身与竹化",这些美学命题都体现了人与自然的和谐与顺应。在此影响下的中国传统服饰思想,在于"文质彬彬",在于"不饰于物",甚至在于魏晋时期的"解衣当风"。这和东方的思维和审美方式有着密切的关系。

中国传统服饰是内敛而含蓄的,在宽衣博带的包裹之下,人的肢体被较大程度地掩盖着。当然也有例外,中国历代服饰中最为大胆的服装要数唐代的女装,其代表性的装束是大袖纱罗衫。这款服装使女性的部分胸部裸露在外,在束胸长裙外披着半透明

图 60　中国传统服饰局部

的纱罗，使人隐隐约约能够看到穿着者的肌肤，是中国服饰史上少有的性感款式。而这种款式在中国服饰历史长河中稍纵即逝，在中国封建制度体系中也是空前绝后的。

凡勃伦在《有闲阶级论》一书中曾经提出这样的观点："世界上有某些地区，在服装上已经有了比较稳定的式样和类型，这一点是众所周知的，例如日本、中国以及别的一些亚洲国家，又如希腊、罗马以及别的一些古代东方民族，都有这样的情况……这些国家或民族的服装，大都比现代文明服装那些变化不定的式样高明，从适合人体和艺术性方面来看，前者也超过后者。"[①] 以其中的"比较稳定的样式和类型"，指的是宽衣褒带的、松散的人衣关系，以及较为简单的上下连属或上衣下裳的服装类型；而西

---

① ［美］凡勃伦著，蔡受百译：《有闲阶级论》，第137页，商务印书馆，1964年版。

方的现代服饰文明中的"变化不定的样式",一般都是具有复杂的款式与结构的。

西方文化注重个体性,人们不吝于展示身体的美。其服饰的特点是张扬而开放的,人体的曲线和两性的差别被突出和夸大。如文艺复兴时期,男装的作用之一就是突出男人雄性的特征,其造型具有饱满的胸和宽阔的肩,甚至在前胸和双肩部位加上填充物以使上半身显得雄壮,下面仅穿贴身的裤袜,这其实也是一种对性的张扬。上身的"雄伟"和下身的"紧窄",形成一个鲜明的对比,塑造出"▽"的造型;而此时的女装则人为塑造出一个"△"造型。20世纪以来,对男女性差别的强调更是以突出男人或女人的性别特征为代表,如突出女性某个特定的部位——具有凹凸感的胸部和臀部,突出女性葫芦形的身体曲线等。

二、平面与立体

文化的差异决定了两种服装造型的区别,即"平面的"与"立体的"。

中国传统服饰历经数个朝代4000余年,其共同的特点在于它们基本都秉承了顺应人体结构的大趋势。这使得立体的造型在中国近代西风东渐以前一直没有出现。中国传统服饰注重在服装的平面上利用镶、绲、绣、贴、烫、盘、嵌等手段进行繁复装饰。"古中国的时装设计家似乎不知道,一个女人到底不是大观园。太多的堆砌使兴趣不能集中。"[①] 相对于汉民族的服装,中国很多少数民族,如苗族、侗族的服装在结构和工艺上都比较复杂。在一件服装上我们能看到多种面料和工艺的组合,比如在袖

---

① 张爱玲:《更衣记》,载《古今》半月刊1943年12月第34期。

子上用不同纹理、质感、图案的面料进行拼接，涉及绣、染、缝等工艺。又比如苗族的百褶裙，几十、上百甚至几百条褶的运用，使得这种裙子有一种异于汉族服装的空间感。这些服装即使不仅仅是前片和后片的缝合，即使塑造出了三维的空间感，但毋庸置疑它的意识还是二维的。二维的平面造型是中国传统服饰的一大特点，哪怕是清代装饰手段异常繁复、富丽的龙袍也是如此。龙袍是在织绣好纹样的对折的面料上裁成的，布的长度是两个衣长，宽度为通臂长。用一根杆子就能从两个袖管中穿过，从侧面看就是由两个平面的衣片组成。

图 61　宽大的中国传统服饰（清）

西方服装更注重立体的造型方式在塑造人体美的方面所起的作用。在现代的西方，服装设计被看做是"在面料上的建筑"。回顾西方服装的发展历程，在不同的时期塑出那个时代最时尚的"型"，是它前行的无尽动力，这是与中国完全不同的思路，也因此形成了两种风格。而塑型的手段基本上有以下4种。

1. 省道

受建筑风格的影响，13世纪欧洲服装开始有了立体概念的裁剪方式，其关键就是对于"省道"（sang dao）的运用。这种与平面裁剪完全不同的裁剪方式，将服装上胸、腰之间的多余部分剪掉、缝合，从腰身以下到裙摆处加入许多三角形的布，塑造了像花朵一样打开的下摆。这样的服装具有上尖下宽的造型特点，像一个三角形，这和哥特时期的建筑具有一脉相承的风格特征。从此以后，它和东方式的平面裁剪方式分道扬镳，也为后世异常丰富并繁复的服装款式打下了基础。

2. 紧身胸衣

除了立体的裁剪方式，紧身胸衣与撑架裙这对"姐妹花"是塑造西方立体式服装必不可少的道具。这两种衣服的"辅助装备"本身就是立体有型的：紧身胸衣是腰腹部收紧的女性上半段的型，撑架裙是吊钟型、圆锥型、轮胎型。在这些"型"的帮助下，人怎能不立体呢？

首先来看紧身胸衣，这个具有托胸、束腰功能的内衣在西方服装史中扮演着非常重要的角色。它是为了塑造"完美"的胸、腰、臀的比例关系而出现在女性生活中的。紧身胸衣最初来自于宫廷，欧洲王室的女性们喜欢用紧身胸衣束身，并认为13英寸的腰围是上流社会妇女优雅身姿的标准。于是上行下效，紧身胸衣在漫长的几百年间为欧洲的女装造型定下了基调。16世纪以来，

中西服装风格比较初探

贵族妇女让她们的孩子女孩从小就束紧身胸衣,我们今天在许多画作中都能看到这样的情形。渐渐地,社会各阶层的女性都开始用紧身胸衣来塑造自己的身体曲线。

紧身胸衣的腰部部分相当于一个腰封,它对腰部的收紧一方面形成了与丰满胸部的对比;另一方面也起到了托起胸部的作用。因此,紧身胸衣兼具托胸和收腰两方面的作用,塑造出了最让男性着迷的"S"形曲线。在特定的历史时期,为了获得当时人们认为的最美的比例和最佳的穿着效果,女人将胸部尽可能地托起,将腰部尽可能地收紧。爱德华·傅克斯在《欧洲风化史·风流世纪》一书中,引用了一段《美的侍者》中的话来说明紧身胸衣存在的意义:"……为了达到这

图 62　束腰的女孩像局部——《格雷厄姆家的孩子们》(1742)

个目的,为了不让女人采取其他任何姿势,高跟鞋还得到了一个帮手,那就是胸褡即后来的紧身褡。女性人体就靠它来定型。女性人体的上部包装在鲸鱼骨架里。鲸鱼骨架无情地把双肩和胳膊往后扳,从而使胸脯往前挺,于是胸部得以呈现人们爱看的状

态。"① 这样做的结果使得胸部的血液流动受到阻碍，她们常常被勒得透不过气来，时时有晕倒的危险，不得不拼命地扇扇子调节空气流动或者嗅嗅盐来促进呼吸。

几个世纪以来，紧身胸衣的材质有许多种：有全部金属的、鲸须内衬的、硬布的、丝质的，也有缎子的。虽然它们的结构和束型的强度有所不同，但都是为突出女性的娇媚和性别特征而设计。贵族女性和劳动阶层女子的紧身胸衣，主要区别在于质地和尺寸，前者质地主要为棉布或麻布、尺寸略大；后者质地除了棉、麻等布料外还有丝绸和鲸鱼骨。紧身胸衣在女人的生活中如此不可或缺，她们甚至在不同的场合可以选择不同的紧身胸衣：有日常穿的普通紧身胸衣，有外出旅游时穿的轻便型紧身胸衣，有专门配合轻薄的晚礼服而设计的丝质紧身胸衣，甚至有睡觉时穿的紧身胸衣（这是为 24 小时保持体形而设计），如此等等，不一而足。

图 63　16 世纪缎子的紧身胸衣

---

① ［德］爱德华·傅克斯著，侯焕闳译：《欧洲风化史·风流世纪》，第 134 页，辽宁教育出版社，2000 年版。

3. 裙撑

利用裙撑塑造穿衣效果是欧洲女装的另一个重要现象，这是为了突出女性的裙部而夸大其外形。妇女们在衬裙之外穿上像鸟笼、轮胎圈或圆台似的裙撑，然后再在裙撑外套上一条或几条裙子，塑造了一个非常膨大的下半身。这与用紧身胸衣束紧的纤细腰部形成了鲜明的对比。在这种审美到达极致的时候，裙子的横宽竟然达到 4 米，这就意味着马车需要改装、门廊需要加宽，很多如剧院这样的公共场所已经无法为那些穿着裙撑的贵妇提供服务了。19 世纪的一幅漫画描画了这样一个场景：为了躲避突然归家的丈夫，妻子将慌乱的情人藏在了她那硕大无朋的裙子中。画家以此来讽刺这种使女性不利于行的道具，我们也可以从中管窥当时的情况。无论是紧身胸衣还是撑架裙，都在塑造"美好"身体曲线的同时形成对身体的禁锢。

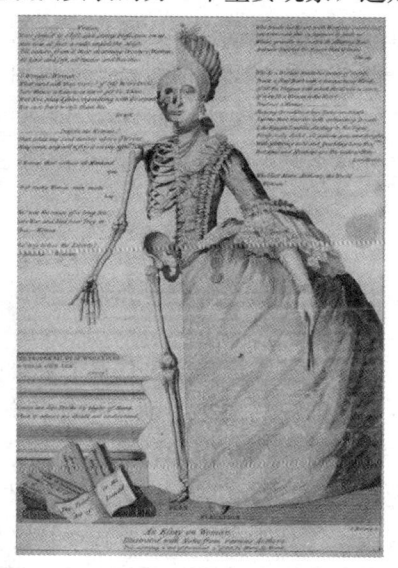

图 64　撑架裙延伸了女性的身体空间

在很长的一段时间内，西方服饰正是以紧身胸衣缩小了腰部的自然尺寸、夸大了胸部的曲线，用裙撑来加大女人下半身的体积，拓展了人体的空间，以此来塑造他们心中"理想"的体型。这正体现了服装对人体的矫正作用，体现了服装与人的一种对抗。

4. 填充物

为了得到"理想"的人体比例，西方服装史中更不乏在衣服上加填充物的做法，从肩头、前胸、大腿到袖子，出现了直到今天都很著名的三种袖型——泡泡袖（puff sleeve）、羊腿袖（gigot sleeve）和糖葫芦袖（virago sleeve）。总之，只有想不到的，没有做不到的。

三、天人合一与人为塑造

中国古典哲学思想有一个重要命题就是"天人合一"。"天人合一"的说法最早出现于《易传》，《周易·乾卦·象言》云："大人者，与天地合其德。"北宋二程（程颢、程颐）进一步认为："天人本无二，不必言合。"汉代的董仲舒认为："四时不同气，气各有所宜，宜之所在，其物代美，视代美而代养之，同时美者杂食之，是皆其所宜也……春秋杂物其和，而冬夏代服其宜，则当得天地之美，四时和矣。凡择美之大体，各因其时之所美，而违天不远矣。"①

"天人合一"思想体现在衣文化上就是人与衣的和谐，因此以汉族为主流的封建社会在很长一段时间内追求的都是宽衣博带的服装样式——人与衣之间有着足够的空间，保持着一种距离与和谐。当然，中国的天人合一思想不是没有任何限制与范围的。在封建社会中，统治者对服饰的喜好甚至左右了服装的流行，也曾经达到过与西方服装一些特定历史时期出现的极端案例一样的非自然情况。虽然如此，但不可否认中国传统服饰从整体上来

---

① 《春秋繁露·循天之道》。

说，是与人和谐顺应的。

中国的传统服饰大部分是依存于人体——人穿上它有型，脱下它就是缝缀在一起的布片；而西方的传统服饰大都可以作为一个独立的个体，脱离了人这个载体依旧能有自己的型。

西方文化侧重个体的张扬与个性的彰显，其服装体现得更多的是人与衣的一种对抗关系，是如何塑造最美的形态。西方服装的人为塑造特点在文艺复兴时期的女装造型上达到高峰：女性用紧身胸衣挤压出丰满的胸、勒出纤细的腰，用撑架裙撑起一个体积庞大的下部，在自然的人型外塑造了另一个人造的"人"型。这远远不够，还要在脖子上围上一个又大又硬的皱领，再配上夸张的、袖山高高耸起的羊腿袖。最后，衣服的表面也非常灿烂——缀满了珍珠与宝石。这类女装美则美矣，但它却脱离了服装存在的真正意义，在一定程度上使人成为"衣架子"和穿着衣服的"傀儡"。

当然，这并不是个别现象，即便到了服装现代化的20世纪40年代，衣与人依然是经过人为的塑造来达到一种人工的美。这个经典的"时尚瞬间"发生在40年代第七个年头的2月12日，设计师克里斯汀·迪奥（Christian Dior）在这一天推出了造型优雅的女装系列"新样式"（New Look）。与同时代的设计师巴伦夏加（Cristobal Balenciaga）顺应人体来塑造服装的造型方式不同，迪奥认为："衣服是将女性的身体塑造得更美的、瞬间的建筑。"在他的眼中人体并不是完美的，因此塑造完美的人体是穿衣的前提。"新样式"内部造型复杂，许多上衣的衬里都用较硬的布料一层层地绗缝，并辅以细纱塑型，塑造出理想的胸、腰、臀曲线，穿上它女性的身体凸现出迷人的曲线效果，体态更为婀娜。因为"新样式"对体型的限制，所以从某种意义上讲，美丽的"新样式"是体态苗条女性的"专有"服装。近几年，时尚服饰甚至出现穿"小一号"衣服的流行趋势——衣服甚至无法完全包裹人的身体，将人与衣的对抗发展到一个新的阶段。

四、结　语

中西方服饰就像开在不同土壤中的两枝花朵，拥有各自的馥郁与芬芳，以及几乎完全异质的风格特点。二者之间的差异主要表现在如下方面：首先从文化背景来看，前者是建立在东方文化背景下的，后者是建立在西方文化背景下的，因而具有不同的审美文化、内涵与社会意义。其次，从造型特点来看，前者是平面的，是二维的宽衣文化；后者是立体的，是三维的窄衣文化。最后，从其背后的文化内涵来看，前者是建立在"天人合一"基础之上的人与衣的和谐；后者则更注重人为的塑造，运用比例、对称、平衡、秩序、黄金分割等种种形式来塑造理想的"型"，体现了人与衣之间的对抗。

衣服的"方言"

——地域文化对服装的影响

服装作为物质文明和精神文明的双重产物，是社会政治、经济、文化、意识形态等方面综合作用力的结果；同时，它又是时代的解码——我们可以通过时装这面"小"镜子图解社会这个大舞台。如果想要知道100年以后的社会只要看看妇女的着装即可，哲学家法朗士的这个著名论断早已广为人知[1]。人类对服装的期许不只是停留在蔽体、保暖的功能上，它还肩负着解读穿着者的审美、品位和知识水平等诸多因素的使命。而这一切的一切可以用一个词来概括，那就是——文化。文化是一个广博的概念，在服装领域内它是土壤，就好像"一方水土养一方人"一样，本地区的文化在某种程度上也造就了这个地区的服装。是的，衣服会说话，在不同的时空内语言也不同，即使在相同时空范围内如21世纪初的中国，服装所"诉说"的依然是不同的语言：京味、沪味、汉味……这就是服装的"方言"——地域文化对服装的影响。

一、南柑北橘

服装既具有物质的实体性，同时也是人的自我意识、自我观

---

[1] 法国哲学家阿·法朗士曾经说过："假如我死后百年，要想了解未来，还能在书林中挑选，你猜我将选什么？——我会直接挑选一本好的时装杂志，看看我身后一个世纪妇女的着装，她们的想象力所告诉我的有关未来人类的知识将比所有的哲学家、小说家、传教士或者科学家还多。"——[美]玛里琳·霍恩：《服饰：人的第二皮肤》，第34页，上海人民出版社。

念的外在表现。而人的这些意识形态在很大程度上是受了地域文化的影响。"……北京的白菜运往浙江，便用红头绳系住菜根，倒挂在水果店头，尊为'胶菜'。福建野生着的芦荟，一到北京就请进温室，且美其名曰'龙舌兰'……"① 在服装界"南不过长江，北不过黄河"已经是一个约定俗成的惯例。人们认为这是由南北服装风格不同决定的，但这只是表层的原因，营销方式、管理方式、生活习惯等因素也不是问题的核心，关键在于地域文化的不同。"社会文化是一个地区的思维方式和生活方式的汇集，是在特定自然环境和社会环境中经过长期的濡化形成的。"②

以京派文化的中心地北京和海派文化的中心地上海做比较，就能清楚地看出地域文化对服装的影响。北京曾是帝王之都，充满了天子脚下独有的王者风范和矜傲，整个城市文化气息浓郁，悠久的历史与文化形成了北京独特的气质。体现在着装上，京派的服装更加注重整体的气势，随意而大气，这同京派文化是相辅相成的。而上海是首先被"西风东渐"的港口城市，殖民文化给它打上了深深的时代烙印：西方先进的思想、最为流行的时尚无不先在这里"靠岸"，异域文化给它增添了万种妖娆。"自通光以其迄宣统，妇女服饰，以上海为最入时，流风所被，几及全国。"③ 这些又和南方特有的细腻、精致结合在一起，形成了上海独有的风情。表现在着装上，海派的服装注重品质、细节，整体风格含蓄。不像北京女子对买回的衣服全盘接受，上海女子经常会对服装的细节进行修改，以期完全适合自己而达到一个完美的效果。这种精细正是海派文化的一个折射。

---

① 鲁迅：《藤野先生》。
② 章开沅、罗福惠：《比较中的审视：中国早期现代化运动》，浙江人民出版社，1993年版。
③ 徐珂：《清稗类抄》，第1699页，中华书局。

二、探其根源

地域文化对服装产业发展的影响是不言而喻的。地域本身存在一种力量,这种力量既涉及物质也涉及精神。著名学者钱穆曾经说过:"各地文化精神之不同,究其根源,最先还是由于自然环境有区别,而影响其生活方式,再由生活方式影响到文化精神。"它和政治、经济、文化、历史、地理等诸多因素密切相关,具有掌控力和制约力。文化的差异不仅影响着服装的定位、营销网络的建立和企业管理模式的确立,它还加大了开拓有效市场的难度。

地域文化影响着人们的穿着,也影响着品牌对目标市场的拓宽。曾经有一个知名的服装品牌,它在北京成功的销售业绩鼓舞下,开设了上海分公司,面辅料、工人、销售甚至设计师都是上海的,短短两年后却以结束分公司而告终。在各种硬件(机器、厂房、设备)和各种软件(面辅料的选择、设计的款式、销售的网络、员工的管理)都是"上海制造",甚至大部员工都是上海人的情况下,还是以失败而告终。其关键在于,即使全部都是上海的,但它还是在北京总公司的"大设计"的架构下运作的(本质上还是 Made in Beijing),这个决定性的因素就是企业文化,而它正是深深植根于地域文化的土壤之上的。

每个人都生活在一定的地域环境和社会文化圈内,以种地域和文化的差异造成了不同地区人们不同的价值取向、审美观以及他们的生活方式,当然还有穿衣习惯,于是就产生了京派、海派、汉派、杭派等地域性的服装,产生了不同地区服装设计的不同基调。《易经》上说"人文化成",文化观念一旦形成,就不容易改变。作为一种深层次的意识,它对企业的经营意识和行为会产生决定性的影响。

三、解决之道

"经济得以快速发展，深层次原因在文化"，在世界经济一体化背景下，加入了世贸组织的中国摆脱了长期以来对华的贸易限制，树立了全球化竞争意识。表面看来，服装的全球化似乎模糊了地域的界限，但这种统一只是竞争地位的平等和市场规则的一致，并不代表消费的趋同。而因着地理、气候、饮食和文化等诸多因素，即地域文化的差别，服装市场也日益向着多元化的方向发展。随着物质生活与精神生活水平的提高，"大量生产、大量消费"成了这个物质极其丰富的时代的消费模式，人们对服装有了更细化的要求和更高的期望值。随着经济的发展、市场的规范化和消费的理性化，以往那种一款走遍大江南北并取得丰厚利润的日子将永远成为尘封的历史。人们只会购买那些被认为是最适合他们的服装，毋庸置疑，此时那些"讲着"本地"方言"的服装就会成为他们的首选。

深入市场我们就会发现，那些具有较好的销售业绩的品牌，都是在本土（地域性）文化上做得比较出色和到位的品牌。这些企业都建立了明确的地域性本土文化风格，受到本地消费者的喜爱。但事物都是一体两面的，被明显限定的地域风格已经成为制约企业向更高层次发展的一个障碍——限制了企业进一步拓宽其他地域的市场，这在根本上阻碍了企业的发展规模。如何协调两者之间的关系？完全脱开地域的影响是不现实的，唯有立足地域文化使之完善，再在此基础上建立多元化的企业战略，拓展产品的文化内涵和外延，最终建立"大设计"的视角。同时在时代大环境的层面来说，随着经济的发展，各地区的交流日益频繁，地域的差异将会逐渐缩小,共同的审美取向和时尚航标将辐射到每一个地域指导人们的穿着,相互间的融合和影响将弱化甚至去除服装发展中的地理因素,服装用"方言"来"说话"将会成为中国服装发展史上的一段历史,而拥有"大文化"、"大视角"的服装品牌将成为人们共同的选择。

浅谈满族旗袍的源流、发展与传承

一、满族旗袍的起源

"满族"的称谓大约出现于明朝末年，但满族的历史可以追溯到3000多年前居住在中国东北地区的肃慎人。历史的沿革，肃慎人的后裔相继用过"挹娄"、"勿吉"、"靺鞨"、"女真"等族称。1583年，努尔哈赤完成对女真各部的统一。在其统一的过程中，加强了对军权的控制，建立了名为"牛录"的八旗制度。[①] 1601年努尔哈赤建立了正黄、正白、正红、正蓝四个旗，1615年又增设了镶黄、镶白、镶红、镶蓝四个旗，合称"八旗"。八旗制度从此成为满族社会的根本制度。与此相应，满族人所穿的服装也就被称为"旗装"，即满语的"衣介"。满族常服一般为袍服，其形式世代相传，一直是以简约的直身为基本样式，被外族称为"旗袍"。

---

① 八旗制度具有军事、政治、生产三方面的职能，是一种生产、军事组织。行军、出猎均按10人编排，每10人设一位首领，名为"朱录额真"（牛录，满语"箭"；额真，满语"主"）。每5个牛录设一个"甲喇"，每5个"甲喇"构成一个"固山"（固山又叫"旗"）。

二、旗袍的源流与发展轨迹

"旗袍"是袍服的一种,是满族旗人所着之服饰,而我们现在对旗袍的称谓除了指这种服装外,主要指的是脱胎于清代满族旗女之袍、20世纪二三十年代风行中国、吸收西洋服装样式进行改良的一种中西合璧的女装。这种女装因其改良的特性和独特的款式,准确的说法应是在其前加上限定词——改良旗袍。在改良旗袍的基础之上,今天的设计师又设计出了花样繁多的现代旗袍,使之作为礼服穿着。为了理清旗袍的源流与发展轨迹,让我们先界定一下袍服、满族旗袍、旗女之袍、改良旗袍和现代旗袍之间的关系。

1. 袍服

中国传统服装有两种基本形制:一为上衣下裳制;二为深衣制。前者是上衣和下裳分裁分制,是一种二部式的服装形制,如唐代的襦裙服;后者是上下连属的服装形制,如春秋战国时期的深衣和满族的袍服。

袍服这种服装形式早在商代就已经形成,并作为一种基本的服装款式而一直沿用下来,它属于汉族服装古制。《中华古今注》中称:"袍者,自有虞氏即有之。"它的基本特点是:上下连属,连裁连制,大襟,有袖子的构成,但长短肥瘦不一,衣襟有长有短,质料有麻有棉有丝有绸。朝代的更迭使得每个时期的袍服都具有各自的特色,在肥瘦、长短、系结方式、领部、袖部等处变化繁多,袍服可作为内衣,也可作为外衣,可单可夹可蓄里。

2. 满族旗袍

"满人原出女真，入关以前称'大金'或'后金'，妇女衣着远法辽、金，还受元代蒙族妇女长袍影响，唯以不左衽。"[1]

满族旗袍属于袍服的一种，具有袍服的基本特点，但与前朝相比有较大的变化。首先是从外形上看，满族旗袍是直身的造型，在腰部没有腰带系结。明代以前的袍形，多为肥大的松身状态，袍身与人体间的空隙具有较大的空间；满族的旗袍虽最初较为肥大，但后期与人体之间空间较小。其次，从纹饰上来看，满族旗袍尤其是贵族所穿用的旗袍，风格华贵，纹饰繁复。最后，从系结方式来看，因为袍服宽松，前襟需要系合，一直以来以带系结是袍服的特点。明代以前的袍服，大多是以结带增添长衣的潇洒和风度；而清代的旗袍才是真正结束了带结的传统方式，以纽扣取而代之。

3. 旗女之袍

清朝初年满族男子旗袍的基本样式为大襟、左衽、侧身开衩，袖口有马蹄状翻折结构（这是在寒冷季节或外出打猎时为拉弓的手保暖之用）。满族人不分男女老幼皆着旗袍。虽然这种服饰没有年龄的限制，但只有旗女之袍才与后世的改良旗袍存在"血缘关系"——改良旗袍是脱胎于旗女之袍的。"旗女平时穿袍、衫，初期宽大后窄如直筒。在袍衫之外加着坎肩，一般与腰齐平，也有长与衫齐的，有时也着马褂，但不用马蹄袖。"[2] 2008年，故宫博物院举办名为"天朝衣冠"的清朝服饰专题展，

---

[1] 沈从文编著：《中国古代服饰研究》，第652页，上海书店出版社，2002年版。

[2] 华梅：《中国服装史》，第105页，中国纺织出版社，2008年版。

其中所展示的清朝后期皇族女旗袍造型非常细瘦，但面料及花纹都相当繁复、美丽。

图 65　旗女之袍

4. 改良旗袍

改良旗袍主要指的是脱胎于清代满族旗女之袍、20 世纪二三十年代风行中国、吸收西洋服装元素进行改良的一种中西合璧的女装。

中国传统服饰一直以来都是以宽衣博带的造型为主，这种情况一直持续到清末民初改良旗袍的出现。"现在要紧的是人，旗袍的作用不外乎烘云托月忠实地将人体轮廓曲曲勾出。革命前的装束却反之，人属次要，单只注重诗意的线条，于是女人的体格公式化，不脱衣服不知道她与她有什么不同。"① 改良旗袍是将

---

①　张爱玲：《更衣记》。

中国满族旗袍的外观形式与西方的立体裁剪相结合的典范，也是中国传统服饰文化与现代时尚服饰理念相融合的案例。

图66　改良旗袍——民国穿旗袍的舞女

旗女之袍与改良旗袍的不同之处主要有以下4个方面：一是造型的不同。旗女之袍是平面裁剪、二维造型，不显露形体，特别是中部，宽大平直；改良旗袍是立体裁剪、三维造型，开省收腰，表现体态。二是搭配的不同。旗女之袍内着长裤，有时袍下露出绣花的裤脚；改良旗袍内穿短裤或三角裤，着丝袜，开衩处露腿。此外，改良旗袍还可以搭配西式大衣、毛线短外套等服装，民国时期上海的一些时髦女士还搭配以头巾，斜斜地系于脑侧，别有一番风情。三是面料和花色的不同。清后期旗女之袍装饰繁琐，其图案一般为梅、兰、竹、菊等具象的传统花色；改良旗袍面料较轻薄，多印花，装饰简约，除了传统的写实花卉图案外，还有很多抽象的几何图案——圆形、条形、波纹形，非常具有现代感和特殊的视觉效果。

5. 现代旗袍

现代旗袍多以礼服的形式出现，主要源自改良旗袍，而与袍服、满族旗袍和旗女之袍相去甚远。现代旗袍与改良旗袍的传承关系主要从两个方面来体现：一是意蕴上的相似；二是对后者元素的应用。

图 67　现代旗袍设计

三、满族旗袍的社会文化功能

1. 实用功能

文化具有物质与精神双重属性，衣服的首要功能就是它物质性的实用属性——遮寒蔽体，而满族旗袍最基本的功能就是它的穿用功能。

2. 辨识功能

在满族的戎装中，按照所在的旗的不同将不同的颜色作为背心的颜色，如正黄、正白、正红、正蓝四旗，就以黄、白、红、蓝作为其背心的颜色；镶黄、镶白、镶红、镶蓝四个旗，要在黄、白、红、蓝四个眼色的基础上加上其他颜色的饰边（镶黄旗加红色饰边，镶白旗加红色饰边，镶红旗加黄色饰边，镶蓝旗加红色饰边）。旗袍通过视觉传达的方式，使观者能够辨识穿着者的身份。

3. 符号功能

可以毫不夸张地说，脱胎于满族旗女之袍的旗袍是中国文化的象征之一，它的一个英文译名就是"China dress"。旗袍代表了中国近代女性的形象，它端庄素雅、婀娜娟秀，能够最好地体现东方女子含蓄而雅致的神韵。在几部反映民国时期的电影如《卧虎藏龙》、《花样年华》、《红玫瑰与白玫瑰》、《色·戒》中，旗袍都无一例外扮演了重要的角色。

四、满族旗袍的发展与融合

1. 20 世纪初满族旗袍与西方裁剪方式的融合

众所周知，中国历代服饰都是以平面的方式进行裁剪的，而改良旗袍在结构上最大的特点就是引入了西方立体裁剪方式，如收腰，再如捏胸省、腰省的方式。改良旗袍是将中国满族旗袍的外观形式与西方的立体裁剪相结合的成功典范。

2. 满族旗袍与现代时尚服饰理念的融合

在近代，满族旗袍和现代裁剪技术相结合，产生了中西合璧的服装典范——改良旗袍，它结合了中国满族民族服装款式和西方的现代的立体裁剪技术。曾有学者说过："在中西文化交流中，旗袍成为一种中西合璧、具有海派风格的女性服装。"旗袍成为具有代表性的中国妇女在国际舞台上的服装。相对于西方人，旗袍更能突出东方女性袅娜纤细的温婉形象。在现代，满族旗袍被进一步时尚化，产生了诸多款式。

五、满族旗袍对儿童身心发展的影响

1. 激发其民族的归属感

满族旗袍是满族人的服饰，是它区别于其他 55 个民族的特有的服装。穿着满族旗袍，会促使儿童产生对本民族的归属感，增强民族自豪感。

2. 促进其对传统服饰及文化的兴趣

各民族服饰文化的发展，对该民族文化素质的提高具有重要作用。满族的旗袍是满族文化的一种反映，在旗袍上我们可以看出满族的生产生活方式——满族是马上民族，衣服两侧有开衩便于骑马、箭袖利于保护拉弓的手；可以看出满族的审美定势——初期紧窄，而后宽博。穿着满族旗袍，会提高儿童对本民族文化的兴趣，进一步理解本民族的传统与文化内涵。

六、满族旗袍的传承机制与传承现状

1. 旗袍的传承机制

服装作为人类文明特有的文化象征，伴随着人类社会的进步而延续和发展。每个时期服饰的发展变化，都受当时各个时期的综合因素以及环境的影响和制约。服饰具有直观性，所以从某种意义上说，甚至那些作为文化主流的哲学、史学、文学等门类都无法与之相比。但作为"衣食住行"之首的服装，首要的价值就是它的实用性——穿着，旗袍这种满族民族服饰也主要以穿着的方式进行传承。

2. 旗袍的传承现状

旗袍，是最能代表中国女性神韵的一种服饰，是中国少数民族款式和西方的立体裁剪相结合最为成功的典范，但是，现在上海等地手工缝制旗袍的老师傅纷纷谢世，现代机器化大批量生产成为服装发展的大趋势等，这些都使得旗袍传统手工艺可能面临失传的境地。因此，加强对旗袍传统手工艺制作传承人的培养，是当前急需解决的问题。

七、对满族旗袍传承对策的思考

1. 文化研究层面上的传承

以文化为切入点对旗袍服饰文化中的意识形态进行探究，如从神话传说的烙印、图腾崇拜的影响、宗教信仰的浸润、审美特征的趋向等方面入手，研究满族文化对旗袍的作用，建议成立专门的满族旗袍及旗袍文化研究机构，以利于进行专门的研究和考察。

2. 实际应用层面上的传承

时代在前进，对满族旗袍的开发也要与时俱进，主要分为以下两种形式：

（1）对满族旗袍进行现代设计

从设计角度来讲，对少数民族传统服饰的色彩、配饰、材料、搭配、细节、造型等方面入手，对其进行深入的研究，以为现代的服装设计提供养分与启发。

对满族旗袍进行现代设计可以和高级订制等现代的设计方式结合，在保有其艺术性的同时也满足了逐渐扩大的高级订制市场的需要。

（2）将其作为中国女性特定的正式礼服之一

中国历朝都有属于自己特定的礼服，中国最早的"礼服"可能要追溯到夏商时期。夏商时期中国的冠服制度已初步建立，到了周代逐渐完善起来，在春秋战国之际被纳入礼治。历代《舆服制》都对礼服做了详尽地描述，民国时期也颁布了《服制》和《礼制》。如《民国服制》规定："男子礼服分为大礼服、常礼服2种。其中大礼服分书用、夜用2种：书用大礼服为西式大氅式；夜用大礼服类似燕尾服，但后摆呈圆形，裤用西式长裤。常礼服也分2种：一为西式，一为袍褂式，均为黑色，衣料采用国产丝、毛织品或棉、麻织品。"

中华人民共和国成立以来，没有规定特定的民族礼服，这不能不说是一个遗憾。建议将改良旗袍作为我国女性出席正式场合的民族礼服。原因有三：首先，改良旗袍来源于我国民族传统服饰，体现了深厚的民族文化底蕴，凸显了我们的民族精神；其次，将改良旗袍作为中国的民族礼服，有利于旗袍这种传统民族服饰的传承；最后，改良旗袍端正秀美，能够很好地衬托出中国女性温婉妩媚的东方特质。

影响西方百年时尚史的三股力量

在 20 世纪的时尚舞台上，设计师是最有"话语权"的人，他们决定了流行的风格和方向。在这 100 年中，亚文化、艺术思潮和意识形态影响了 20 世纪服饰的每一次变化，在一定程度上讲，它们共同成为造就这 100 年服装发展史的重要力量。20 世纪 20 年代包豪斯提出了"功能主义"的概念，而后有了夏奈尔打破传统、突出机能性的女装变革；20 世纪 40 年代，"二战"的影响使"战争文化"流行，从而促成了军服式女装的时尚地位，也间接成就了迪奥对传统优雅女装的复兴；20 世纪 60 年代的"年轻风暴"彻底地使着装由传统走到了现代，造就了一个属于年轻人的时代，他们的审美取向和品位左右了整个世界服装的流变；20 世纪 70 年代"民族文化"的兴起，促成了时尚界"民族风貌"的时代风格，"民族"成了"时尚"的代名词；20 世纪 90 年代的新新人类造就了新生代异常叛逆和前卫的造型，引发了新一轮流行风格。

一、设计师影响流行

在 20 世纪这 100 年间，设计师引导流行成为服装风格变化的时代标签。现代的服装设计师是以平面（绘制效果图）或立体（以服装面料通过立体裁剪）的方式来体现自己服装创意或构想的人。他们具有创造性的思维，是将创意与实际穿着需要完美结合的人。服装设计师的前身是贵族名流的裁缝，他们的地位与工匠相似，以完全手工的方式将主顾所要的衣服裁剪和缝制出来，这种情况一直持续到沃斯时代到来之前①。因为面料与样式一般都是由主顾来挑选，所以其参与"设计"的成分相对较少。到20世纪初期，一些设计师不再剪裁，而只画服装效果图，于是"服装设计师"这个概念产生了，从以"动手"为主转向"动手"与"动脑"相结合。

20世纪中后期以来，服装设计师的分类更为细化，有高级时装设计师、成衣设计师、款式设计师、服装面料设计师、服装配色设计师、橱窗展示设计师等。在所有的分类之外，还有一类特殊的设计师，就是导向设计师。导向设计师（trend setter）不同于一般的设计师，而是指那些能够影响他（她）那个时代的时尚潮流，或在一定程度上引导潮流所向的人。比如19世纪下半叶到20世纪初的导向设计师查尔斯·弗雷德里克·沃思（Charles Fredrick Worth），20世纪初的保罗·波列，20世纪20年代的可可·夏奈尔，20世纪30年代的艾尔莎·夏帕瑞丽，20世纪40年代的克里斯汀·迪奥，20世纪60年代的皮尔·卡丹、伊夫·圣·洛朗和玛丽·昆特（Mary Quant），20世纪70年代的维维安·维斯特伍德（Vivienne Westwood），20世纪80年代的克里斯汀·拉克鲁瓦（Charistian Lacroix）、詹尼·范思哲（Jianni Versace）、乔治·阿玛尼（Giorgio Armani），20世纪90年代的约翰·加利亚诺等②。他们对风格的影响有长有短，有的只匆匆数载，有的却影响至今，但无论时间长短，他们都在自己所处的时代对时尚的发展起到了举足轻重的作用。

---

① 查尔斯·弗里德里克·沃斯（Charles Frederick Worth，1827—1895），英国人。他确立了设计师的地位，创造了真人演示的时装表演的模式（一年四次），在一定程度上奠定了巴黎高级时装业的基石。

② 华梅、周梦：《服装概论》，第14—15页，中国纺织出版社，2009年版。

二、艺术思潮影响流行

在 20 世纪的这 100 年中,艺术与时尚如同一体两面,经常以"双生子"的面目出现在人们的面前。服装是介于艺术与非艺术之间的特殊的门类。它一方面是社会的物质基础(生产力发展水平)的产物;另一方面也受艺术、文化等意识形态的影响,它像一面镜子折射出当时的艺术思潮的变化。一般而言,先兴起的艺术思潮对服装设计师产生影响,这种影响会体现到他们的设计中,于是与艺术思潮相呼应的服装风格产生了:有了超现实主义运动的风起云涌才有超现实主义的服装问世,而波普艺术(pop Art)与批量生产的成衣流行相得益彰。以视觉迷幻效果著称的欧普艺术(Op Art),就曾经在 20 世纪 60 年代因纺织技术和印花水平的提高而被大量应用在时装设计中(60 年代以前,布料上的织纹图案仅限于苏格兰格纹、千鸟纹和人字纹等传统织纹),欧普风格服饰正式问世,掀起时尚界的新变革。

当时艺术思潮对服装产生了正负两方面的影响,一方面艺术思潮为服装带来了特有的文化底蕴和艺术气质,使服装向着艺术的方向更加靠近,使之不仅仅停留在物质形态的范畴之内。如 20 世纪 30 年代的著名设计师夏帕瑞丽与艺术家达利、贝拉尔等交厚,深受超现实主义思潮的影响,设计了极具独创性的龙虾礼服、剪报图案上衣、抽屉口袋套装等伟大的作品。另一方面,艺术思潮的过多介入也使服装有脱离它本来发展轨道的倾向,一些对当时艺术的流变生搬硬套的做法因而不可避免,由此也产生了一些不切实际的、浮华的设计。

三、亚文化影响流行

亚文化是整体文化的一个分支，它是由各种社会和自然因素造成各地区、各群体文化特殊性的一种次文化，如因阶级、阶层、民族、宗教以及居住环境的不同，可以在统一的民族文化之下，形成具有自身特征的群体或地区文化。亚文化一经形成便是一个相对独立的功能单位，对所属的全体成员都有约束力。

作为一种非主流的文化，在每个特定的时空范围内，亚文化在兴起之初都是处于从属地位的。也正是如此，它受到的束缚较少，能够反对权威所定义的一切，进行自由的呼吸并发展和茁壮起来，甚至最终摆脱主流文化的控制并取而代之。一个典型的例子就是20世纪60年代的青年文化——摩登派对时尚的影响。

摩登派是20世纪60年代在英国所崛起的一个次文化团体，也是当时最盛行的几种青年文化之一，这是由一群对时尚流行极度热爱的年轻人组成的团体。他们非常注重仪表：认真地打理头发、穿欧洲流行的和意大利款式的服装。摩登派偏好新奇事物、爵士乐和"Scooters"两轮摩托车，他们的装束强调纤瘦的身形。摩登派对新事物具有强烈的好奇心，这其中包括当时欧洲的新时尚和爵士乐。

摩登派的服装不强调男女的区别，线条较为简洁、流畅，身型较为瘦小，代表性服装有短夹克和窄身夹克、白色或米色风衣、尖头皮鞋和长筒靴。这个风貌的女装一般为便服短裙和合体长夹克，配以垂至脸颊的短发和苍白的妆容。这股风潮对年轻人产生了深远的影响，摩登派的着装风格在欧洲许多国家流行开来。

小议传统文化思想与流行传播方式对中国传统服饰风格的影响

一、传统文化思想对服饰风格的影响

1. 昭名分，辨等威——区分阶级、等级的服饰观

在中国古代，服饰在满足人们遮体保暖的基本生理需求、进一步的装饰审美需求之外，还肩负着重要的社会使命，那就是昭名分、辨等威。

在封建社会中，人们的言语、行止、服饰都要符合"礼"的规范，阶级与等级是很难逾越的，是以"君子小人，物有服章，贵有常尊，贱有等威，礼不逆矣。"① 因此，社会各个阶层的人的穿着都要受所在等级的局限。而在某种层面上说，服装也是封建统治的工具，所以才有着穿着繁复甚至不利于行的冕服，有着从服色、花纹都等级森严的朝服，有着对服饰穿着进行限制的历代《舆服志》，乃至清初在"留头不留发、留发不留头"的严酷背景下诞生的"十从十不从"②。

因此，在中国的文化传统中，区分阶级、等级的服饰观对人

---

① 《左传·宣公十二年》。
② 即男从女不从、生从死不从、阳从阴不从、官从隶不从、老从少不从、儒从而释道不从、娼从而优伶不从、仕宦从婚姻不从、国号从官号不从、役税从文字语言不从。

们服装风格的形成影响巨大。

2. 文质彬彬，然后君子——内外兼美的服饰观

儒家学派的代表人物孔子在《论语·雍也》中提出"质胜文则野，文胜质则史。文质彬彬，然后君子"[1]的美学命题。在这里"质"指的是人的内在道德品质与修养，"文"指的是人的外在文饰。孔子认为，一个人只注重内在的道德品质而缺乏文饰，就粗野了；而一个人只注重文饰而缺乏内在的道德品质，就虚浮了。人不但要从内在思想上遵从礼，在外在形式上也要合乎礼。禹平时穿着简朴，祭祀时却衣着华美，令他感到心有灵犀[2]，原因正是"国之大事，在祀与戎"[3]。只有"质"和"文"统一与和谐，才能称为"君子"。在这里，内在与外在同等重要，过于重视内在或过于重视外在都是不可取的。此外，在《论语·卫灵公》"颜渊问为邦"中载孔子所云："行夏之时，乘殷之路，服周之冕，乐则《韶》、《舞》，放郑声，远佞人。"孔子强调了礼服的重要性。孔子在鲁国居官时，衣服不用深红色做衣边，红色、紫色的衣服不可做内衣。夏天，穿单衣，外出必套外套。穿黑羊裘，就要配黑衣；穿白麑裘，就要配白衣；穿黄狐裘，就要配黄衣。为方便保暖，内穿的裘皮衣要长一些；为方便做事，右袖要短一些。一定要有睡衣，长半身。丧事结束后必须佩玉。不是用于朝祭的帷裳，一定要杀缝。吊丧要穿素服，不能穿玄色吉服。每月初一，必朝服而朝[4]。同时，孔子反对浪费和教条，他说："礼，与其奢也，宁俭。"[5]又说："麻冕，礼也，今也纯，俭。

---

[1] 《论语·雍也》。
[2] 《论语·泰伯》。
[3] 《左传·成公十三年》。
[4] 《论语·乡党》。
[5] 《论语·八佾》。

吾从众。"①

3. 被（披）褐怀玉——重内在、轻外在的服饰观

道家学派的创始人老子，主张"无为"，强调"道"，他有一句关于圣人形象的句子——"是以圣人，被褐怀玉。"②"被"通"披"，即穿着；"褐"，是用粗毛做成的衣服；玉，是指自然的璞玉。老子认为，圣人虽然穿着最粗陋的褐衣，但他却拥有高尚的情怀，心中像玉一样澄明。也就是说，老子认为"质"比"文"要重要得多。老子还对"服文采，带利剑，厌饮食"③的着装与修饰习惯表示不满，认为"五色令人目盲；五音令人耳聋；五味令人口爽；驰骋畋猎，令人心发狂；难得之货，令人行妨。是以圣人之治也，为腹不为目，故去彼取此"④，而人们应该保持纯朴自然的生活方式与生活状态。

4. 衣必常暖，然后求丽——温饱层面的服饰观

墨家学派的代表理论是"非乐"与"节用"。墨子认为："民有三患：饥者不得食，寒者不得衣，劳者不得息。"⑤从中可以看出，墨子将穿衣作为人生存的基本要求之一，即与温饱相关。这个观点在《墨子·佚文》中有着更为明确的阐述——"故食必常饱，然后求美；衣必常暖，然后求丽；居必常安，然后求乐。为可长，行可久，先质而后文，此圣人之务。"⑥

在墨子这里，衣服的最大意义在于满足遮体、保暖的物质层

---

① 《论语·子罕》。
② 《老子》第七十章。
③ 《老子》第五十三章。
④ 《老子》第十二章。
⑤ 《墨子·非乐》。
⑥ 《墨子·佚文》。

面需求。这种对温饱层面的服饰观还有着更深一层的意义，那就是墨子对文采美饰采取的是一种否定态度："女子废其纺织而修文采，故民寒；男子离其耕稼而修刻镂，故民饥。"① 不仅如此，墨子还将注重文采修饰之恶上升到一个很高的层面，他指出："冬则轻暖，夏则轻清，皆已具矣；必厚作敛于百姓，暴夺民衣食之财，以为锦绣文采靡曼衣也，铸金以为钩，珠玉以为佩；女工作文采，男工作刻镂，以为身服。此非云益暖之情也，单财劳力，毕归之于无用。以此观之，其为衣服非为身体，皆为观好……君实欲天下之治而恶其乱，当为衣服不可不节。"②

此外，法家学派的韩非在《韩非子·五蠹》中有这样的句子："今为众人法，而以上智之所难知，则民无认识之矣。故糟糠不饱者不务粱肉，短褐不完者不待文绣。"这与墨子的"衣必常暖，然后求丽"有着异曲同工之妙，也认为追求服饰的美丽是在满足温饱以后的事情。

二、流行的传播方式对风格的影响

1. 自皇族、贵族向平民传播

《韩非子·外储说左上》中有一个"齐桓公好服紫，一国尽服紫"的故事，充分说明了中国古代服饰流行的传播方式之一是：从皇族向下传播："齐王好衣紫，齐人皆好也。齐国五素不得一紫，齐王患紫贵。傅说王曰：'《诗》云：不躬不亲，庶民不信。今王欲民无紫衣者，王以自解紫衣而朝，群臣有紫衣进者，曰：益远，寡人恶臭。'是日也，郎中莫衣紫；是月也，国中莫

---

① 《墨子·辞过》。
② 《墨子·佚文》。

衣紫；是岁也，境内莫衣紫。"

唐代妇女面妆中有一种"梅花妆"（或称"寿阳妆"），相传为南朝宋武帝的女儿寿阳公主所创。寿阳公主一日午睡于含章殿下，醒来后发现额头上飘落了一朵梅花，久之拂不能去，就将它作为一种装饰，宫女们认为其美丽而纷纷效仿，后来传入民间，被称为"寿阳妆"。

这种自上而下的传播方式很大程度上是出于平民百姓希望与阶层比他们高的皇族、贵族趋同的心理。从宫廷到民间，从都城到四方流行的现象，是古代服装流行的主要形式之一。

2. 自平民向皇族、贵族传播

郎瑛在《七修类稿》中叙述了这样一件事：明洪武二十四年，明太祖微服私访，"至神乐观，有道士于灯下结网巾，问曰：'此何物也？'对曰：'网巾，用以裹头，则万发俱齐。'明日，有旨召道士，命为道官，取巾十三顶，颁于天下，使人无贵贱皆裹之也。"

还有一个例子，汉朝蔡邕在《独断》中载："帻者，古之卑贱执事不冠者之所服也。孝武帝幸馆陶公主家，召见董偃，偃傅青襮绿帻，主赞曰：主家庖人臣偃昧死再拜谒上。为之起，乃赐衣冠引上殿。董仲舒武帝时人，其上两书曰：执事者皆赤帻，知皆不冠者之所服也。元帝额有壮发，不欲使人见，始进帻服之，群臣皆随焉。然尚无巾。如今半帻而已。王莽无发乃施巾，故语曰：王莽秃帻施屋冠进贤者宜长耳，冠惠文者宜短耳，各随所宜。"

这两个例子都讲述了服装样式是如何从平民向皇族、贵族传播的。

3. 自中心城市向四周传播

中国古代人口密集的都会，是新奇事物最先出现的地方，也是服装的款式与风格发生变异最早的地方。汉章帝时，长安城中曾经流传："城中好高髻，四方高一尺。城中好广眉，四方且半额。城中好大袖，四方全匹帛。"[①] 从中可以看到，长安城中流行梳高的发髻，周围城市乡村就会都将头发梳高；长安城中流行又粗又长的眉形，周围城市乡村的女人就会将自己的眉毛描得占了半个前额；长安城中流行宽大的衣服，周围城市乡村的人们就会用整匹的帛来做衣服。这几句话虽很夸张，但道出了中心城市的时尚风格对四周的巨大影响力。

相似的还有唐诗的例证，诗人白居易在《时世妆》中有这样的句子："时世妆，时世妆，出自城中传四方。时世流行无远近，腮不施朱面无粉。乌膏注唇唇似泥，双眉画作八字低，妍媸黑白失本态，妆成近似含悲啼。圆鬟无鬓堆髻样，斜红不晕赭面状……"他非常形象地将出自皇城中的流行妆容进行了描述，也从侧面点出了时尚从中心向四周发散的轨迹。

---

① 《后汉书·马援传》。

从小黑礼服（Little black dress）的变化看20世纪女装的发展

在近代服装史上，小黑礼服（Little black dress）具有里程碑式的历史意义，在 1926 年出现时就被称为"时装中的'福特汽车'"，它所提倡的简单品位无疑代表了一种真正现代化的风貌。而从它的变化中我们也可以管窥 20 世纪西方女装的发展历程。

一、20 年代小黑礼服

毋庸置疑，20 世纪 20 年代是女装现代化进程中的一个重要历史时期：女装在经历了它周而复始、永恒的女性化的时尚轮回后，终于在此时期开始了它向功能性转变的崭新尝试。这种转变是时代的产物，与战争密切相关：战争使女性肩负起男人的工作，同时也赋予她们不同于以往的自由。

20 世纪 20 年代是一个具有划时代意义的新起点，而小黑礼服正是在这个女装急遽变革的时期出现在公众面前的。在 1926 年的美国版《vogue》中，20 世纪最伟大的设计师之一可可·夏奈尔发表了一款直腰身的黑色纱质礼服——伟大的小黑礼服的开山之作，被誉为"有品位的女子的'制服'"。这款礼服是如此流行，被称为"服装界的'福特轿车'"。

夏奈尔的这款设计把此时期推崇的男童式（boyish）的新女性面貌表现得淋漓尽致：上身是圆领、长袖的设计，不露出胸、

图68　20年代小黑礼服

背和手臂，下半身是到小腿肚部位的裙子，腰线在胯部，通体黑色，只在前胸处以"V"字形打褶作为装饰。

二、30年代小黑礼服

20世纪30年代经历了"一战"的伤痛后，发生于20年代末期的经济危机又影响着人们生活的方方面面，人们希望穿上奢华的衣服来逃避现实的残酷。显然，20年代女性那种近乎中性的装扮不符合此时所追求的高雅、华贵的品味。于是，小黑礼服

从小黑礼服（Little black dress）的变化看 20 世纪女装的发展

在回归女性味的 30 年代又顺应时代潮流、摒弃了浓浓的中性味并加入了女性化的优雅元素。还是以夏奈尔的设计为例，我们可以看一幅夏奈尔本人在 1935 年的照片：她穿的小黑礼服虽然还是简洁的身型和瘦长的袖子，但收紧了腰部、并在领口加上了蝴蝶缎带的装饰，这也代表了此时期小黑礼服的普遍风格和女装的高雅特征。

由此可见，整个 30 年代是一个向典雅风格复归的年代。此时盛行苗条而有女人味的服装，流线型迷人的造型是此时期的特点：收紧的腰部、抬高的臀部和美好的胸部曲线是女装造型的主流。无论是威奥内夫人（Madeleine Vionnet）著名的斜裁还是夏帕瑞丽的超现实主义风格，都无不遵循这一规则。

图69 30年代小黑礼服

三、50 年代小黑礼服

20 世纪 50 年代，国际形势依然动荡，在这样的时代背景下，人们更加向往往昔的安宁生活。无论男人还是女人，他们都渴望女性回复娇柔的本性，都希望女装回复它那梦幻般的性感特质。

此时的小黑礼服已经成为了女影星和贵妇们的挚爱，朝着成熟的女人味更迈进了一步。它不再囿于具体的设计细节和面料质地：高领的、袒胸的、及膝的、及踝的、丝绸的、薄呢的——改变的只是形式，而雍容的女人味是它不变的本质。

影星玛丽莲·梦露摄于50年代的一张剧照代表了此时期小黑礼服的经典面貌：坦胸的设计、过膝的长度、夸张的胸腰臀的曲线，配上白色的珍珠项链和手镯，这使性感女神在典雅的小黑礼服的衬托下第一次散发出圣洁的光芒。

图70　50年代小黑礼服

战争毁灭了一个世界，但它又创造了另一个世界。这是一个物质的年代，也是20世纪"高级时装"（Haute Couture）的最后一个10年、黄金的10年。

四、60年代小黑礼服

20世纪60年代是一个动荡的年代，在治愈了战争的伤痛之后，欧美各国的经济都得到高速增长，物质获得了极大丰富；但同时"西方青年思潮"方兴未艾，一股反潮流、反体制的浪潮席卷了整个世界。

此时的小黑礼服在经过了它极致女人味的50年代后，开始

从小黑礼服（Little black dress）的变化看 20 世纪女装的发展

了又一轮时尚的轮回：摒弃了 20 年来延续的女性化特征，向其 20 年代初那种简洁的风格复归。影星奥黛丽·赫本在电影《第凡尼的早餐》(《Breakfast at Tiffany's》)中所穿的一款由纪梵希（Givenchy）设计的小黑礼服，就是对这种风格的最佳注脚。片中的荷莉梳着高髻，戴着宽边墨镜，身穿圆领无袖的及膝黑裙，戴过肘的同料长手套，那种最为经典的高雅无疑是小黑礼服发展史上最亮丽的一笔。它摒弃了繁复华丽的元素，以洗练与简洁成就了 20 年代夏奈尔开山之作后的又一高峰，堪为后世的典范，带动了新一轮简洁风尚的流行。

被"年轻风暴"影响的 60 年代的服装具有年轻化的现代风貌，简洁与多样化是它流行的主题：祖母风貌（Granny Look）、未来主义、东方风格……在同一时空下，服装的舞台上

图71　60年代小黑礼服

第一次容纳了如此各异的风格。女装不再过分强调第二性征，牛仔裤、超短裙等不同于以往的前卫款式开始流行。服装的工业化和代替高级时装的成衣业也在此时期得到了长足的发展。

五、90 年代小黑礼服

20 世纪 90 年代是一个信息化和网络化的时代，生活水平大幅度提升，交通资讯发达便捷。我们所居住的这个庞大星球真的

图 72　90 年代小黑礼服

已经变成了"小小"的地球村,在这个"村子"中,"鸡犬相闻",天涯若比邻——在现代通信手段的帮助下,通过图片和文字的形式,最时新的服装展示和服装发布会可以跨越地域的限制第一时间被欣赏。90 年代也是一个彰显个性的年代,个性化是这个时代的标签。自 60 年代后小黑礼服走过了它漫长的 20 多年的岁月,到了世纪末,在它或简洁高雅或性感雍容的两个永恒主题之外又被加入了多变和大胆的时代精神元素。它在具体的款式上的限制越来越少,有着大众化和平民化的趋势。

小黑礼服在 90 年代最著名的款式,莫过于伊丽莎白·赫丽

从小黑礼服（Little black dress）的变化看 20 世纪女装的发展

在 1994 年奥斯卡颁奖典礼上那件使她一鸣惊人的范思哲晚装。这款大胆至极的设计，代表了 90 年代"无所不为"的时代特征：这是一款性感的吊带长裙，没有侧片，只用金属别针来连接前片和后片，显露出赫丽优美的侧身曲线。

四、其 他

20世纪前期中国民族纺织品牌发展初探

晚清以来，统治中国数千年的封建制度一步步土崩瓦解，而西学东渐之风渐长，欧美等资本主义国家的政治、经济、文化形态被引入相对落后的中国。中国在经过长期痛苦的碰撞和磨合后，在诸多方面都发生了巨大的变化，这个古老的国家终于在外力的作用下向着现代化蹒跚举步。

具体到纺织服装品牌这个领域，我们应该看到这样一个事实：这个时期是中国的民族资本企业发展最为迅猛的时期；同时，作为中国最早参与工业化进程之一的纺织业，在这个时期发展得尤其迅速。其中值得称道的是我们的民族纺织工业，在相对不那么有利的环境中取得了相当大的成绩，也积累了大量的丰富经验，对民族工业的振兴与发展产生了深远的影响。

一、20世纪前期民族纺织工业的发展背景

1843年11月，上海正式开埠，从此，由外商创设的近代工业开始进入上海。19世纪60年代初，"洋务运动"兴起。1865年，江南制造总局在上海创办，这是中国第一家近代工业企业。1890年，官督商办的上海机器织布局在沪建成，开启了中国近代民族纺织业的先河。

鸦片战争以后，中国被迫与帝国主义签订了一系列的不平等条约，并开放了"五口通商口岸"，欧美列强取得了协定关税、设立租界、片面最惠国待遇、商品进入内地通商等一系列特权。

西方的商品，首先是纺织品大量涌入中国。到了1885年，在进口总值8820万两白银中，棉织品就占了35.7%，位居进口商品的榜首，并持续了很长一段时期。与此相应，大量质优价廉的洋纱、洋布的涌入使国内各通商口岸附近的手工纺织业受到了极大的冲击，这种影响逐渐扩散到了内地。"民间之买洋布、洋棉者，十室之九。由于江浙之棉布不复畅销，商人多不贩运，而闽产之土布、土棉遂亦因之壅滞不能出口。"

"洋布"代替"土布"在某种意义上讲是一种进步，这意味着古老的中国必须要实现纺织业的工业化生产以顺应时代的要求。但总体说来，中国的纺织业的起步较迟。这是有着深刻的历史原因的，就像《中国近代纺织史》上所讲的那样："……长期以来中国的纺织生产主要以农村家庭副业的形式出现，城镇纺织手工业规模很小，官营纺织工场则专为官用，并不生产投入市场交换的商品。由于这种自给自足为主的小农经济长期占统治地位，在中国纺织商品的需求一直没有出现过急剧的增长。因此，对于提高技术、发展生产也就缺少像17—18世纪时英国那样有紧迫感。这种情况一直到洋纱、洋布大量涌入之后才开始转变。"

中国的纺织机器制造业随着缫丝业和轧棉业的兴起而兴起。据史料记载，19世纪末20世纪初，整个中国的纺织工业中以动力机器缫丝业发展得最为迅速：生丝外销量逐年增加，1871年为5.9万担，1895年上升到11万担。动力机器棉纺织产量从1890年的2.2万包棉纱、15.6万匹棉布上升到1895年的11.3万包棉纱、82.3万匹棉布。可是与此同时，进口的棉纱和棉布的量更大：1871年进口棉纱8.7万包、棉布近1000万匹，1894年进口棉布1379万匹，1895年进口棉纱141.7万包。由此可见，民族纺织业的向前行进举步维艰。

20世纪前期中国民族纺织品牌发展初探

1912—1922年华商纱厂设备的增长①

年 份	纱 锭 锭 数	纱 锭 指数：1913＝100	布 机 台 数	布 机 指数：1913＝100
1912	509564	101.2	2616	113.0
1913	503408	100.0	2316	100.0
1914	502700	99.9	2566	110.8
1915	524576	104.2	2966	128.1
1916	603984	120.0	3456	149.2
1917	606904	120.6	4156	179.4
1918	731360	145.3	4156	179.4
1919	851032	169.1	4010	173.1
1920	842894	167.4	4540	196.0
1921	1238882	246.1	6075	288.2
1922	1598074	317.5		

从这个表中我们可以看出，20世纪前期民族纺织设备的增长幅度是非常大的。与1912年相比，1922年的纱锭数增长了2倍，布机台数增长了1倍有余。

中国主要进口商品所占比重变化（%）②

商 品	1877年	1894年	1913年	1921年	1928年
鸦片	41.3	20.6	8.1	0.0	0.0
棉制品	25.7	32.2	19.3	23.6	14.2
棉纱	3.9	13.1	12.7	7.4	1.6

---

① 资料来源——上海社会科学院经济研究所棉纺行业史组1983年整理修订的数字。
② 汪敬虞：《中国近代经济史（1895—1927）》（上册），第185页，人民出版社，2000年版；载杨端六：《六十五年来中国国际贸易统计》，第36、第45页。

续表

商　品	1877年	1894年	1913年	1921年	1928年
杂项纺织品	6.8	2.5	2.1	2.1	6.8
煤油		4.9	4.3	6.3	5.2
米	2.2	6.0	3.1	4.4	5.4
面粉		0.7	1.8	0.4	2.6
机器		0.7	1.5	6.3	1.8
车辆			0.6	2.5	0.9
染料颜料类	0.6	1.5	3.1	3.3	2.2
金属及矿砂	5.9	4.6	5.2	6.7	5.4
煤	1.5	2.0	1.7	1.5	1.9
棉花	2.0	0.3	0.5	3.9	5.7
糖	2.2	5.9	6.2	7.7	8.3
纸张			1.3	1.7	2.4
纸烟		0.1	2.2	2.8	2.1
烟叶			0.6	1.6	5.1
木材		0.8	1.1	1.2	1.6
合计占总进口值	92.1	95.9	75.4	83.4	73.2

从上表我们可以看出，棉纺织品自19世纪80年代以来，除鸦片以外，一直占进口商品的最大比重。但在"一战"以后，它所占的比重呈明显的下降趋势，尤其棉纱更是如此："20年以后其比重已从1921年的7.4%，迅速下降到1928年的1.6%，只排在第十几位……"[①] 这有力地说明了在20世纪的前期中国民族资本业在棉纺织领域的迅猛发展。

---

① 汪敬虞：《中国近代经济史（1895—1927）》（上册），第185—186页，人民出版社，2000年版。

第一次世界大战爆发以后，欧美各国无暇东顾，进口的纺织品数量锐减，国内市场的纺织品价格猛涨，棉纺织厂获利丰厚。1915年中国人民反对"二十一条"、抵制日货的情绪空前高涨，也促进了民族纺织产业的发展。1918年后，中国陷入军阀混战的混乱局面，棉贵花贱，种种苛捐杂税蜂拥而来，"一战"的结束也使这些年无力顾及中国市场的列强挟带大量洋货卷土重来，内外夹击给中国的民族纺织业的发展造成了很大的压力，甚至濒临无利可图的境地。1922—1931年的10年间，民营棉纺织厂被改组19家，停工11家，出售17家，一些资金不那么雄厚的中小厂子都难逃被关闭的命运。而像申新和永安这样的大集团反而趁此机会收购了多家纺织厂。总的来说，民族资本纺织业是在艰难的处境下蹒跚前行，但机器设备的规模进一步扩大了。

1931年的"九一八"事变，对于纺织业产生了深远的影响，它极大地激发了全国上下、从民族实业家到作为消费者的民众的爱国意识，促进了民族纺织业的发展，从这个时候开始，中国的民族纺织业开始了一个飞速发展的时期。截止到1932年，棉纺纱锭比1914年增加了3.5倍，布机增加了6.6倍，毛纺锭增加了3倍，毛织机增加了3.2倍，器械的缫丝机开始普遍被使用，织绸从木机发展到电力织机，并出现了机械化的漂、染、整、印等工业。

以上就是20世纪前期民族纺织工业的一个基本的发展背景。

二、两个典型纺织品牌的成长

"20世纪20年代起，在国内外市场的激烈竞争中，华商纱厂先后形成了一批民族资本企业集团，其中影响深远的有荣宗敬、荣德生创立的申新系；华侨郭乐、郭顺为核心的永安系；张謇创立的大生纱系；周学熙等创立的华新系；武汉裕华纱厂、石家庄大兴纱厂、西安大华纱厂共同组成的裕大华系和刘国钧、刘靖基等人创立的大成系。它们对推动上海、南通、无锡、天津、石家庄、西安、汉口、常州等地棉纺织工业的发展做出了历史的贡献。"[1]

在20世纪的早期，我国的纺织业发展最快最早的地区就要数以上海为中心，包括江苏、浙江两省的长江三角洲地区。长江三角洲因其特殊的地理位置，工农业发展较快，是我国重要的丝棉产区。

随着近代工业的整体化发展步伐，这个时期的纺织业也有着长足的进步，涌现出大量的纺织服装的民族品牌。每一个品牌的建立都蕴含了丰富的内容：有民族企业家们在内外夹击境地中的苦苦挣扎；有他们糅合了东西方文化所创造出的那种独特的经营方式；有工程技术和管理人员研发的不易和管理的艰辛；有普通员工和工人的任劳任怨。

1. 宋棐卿、东亚公司和"抵羊"毛线

（1）"抵羊"与"抵洋"

在中国近代商标史上，有一个非常著名的品牌——"抵羊"牌，它是中国的民族资本企业天津东亚毛呢纺织有限公司使用的毛线商标。

当时英、日等国的毛线都以低价销售，企图垄断中国的毛线市场。东亚毛纺厂生产的"抵羊"牌毛线，打破了"洋货"独霸毛纺市场的局面，与进口毛线形成了竞销的格局。

为了与拥有雄厚资金与先进技术的外国企业竞争，宋棐卿提

---

[1] 中国近代纺织史编委会：《中国近代纺织史 1840—1949》（上、下卷），第17页，中国纺织出版社，1997年版。

出了自己独到的管理措施。在毛线产品的商标上，宋棐卿给自己的产品取名"抵羊"："抵羊"牌的由来很有时代的特色。公司成立之初，生产出的毛线都是以"东亚"命名，但20世纪前期无疑是一个多事之秋，正值日本帝国主义加紧对中国的侵略之时，全国人民的抵日情绪都空前高涨，甚至有女学生偷买日货而被校方开除的事情发生。自上到下的爱国热潮也感染了像宋棐卿这样的民族资本家，产生了以"抵洋"为商标的想法，但直接用"抵洋"无疑太为露骨，最后决定以隐讳的手法，变字不变音，把"抵洋"改为"抵羊"，一语双关。"抵羊"，既反映以羊毛做原料的纺织品的特点，又是"抵洋"的谐音，即抵制洋货之意。商标的图案是两只白色的绵羊抵着对方的角，非常地形象。这种巧妙的构思，正迎合了"九一八"事变后群众抵洋抗日的心理。因此，"抵羊"牌毛线一经问世，立即受到国人的欢迎。当时充斥国内毛线市场的是日本加藤洋行的"麻雀"牌和英国博得运厂生产的"蜜蜂"牌、"学士"牌，以它们为竞争对手的东亚毛线用"抵羊"为商标，不仅显示了"抵制洋货"的决心，还迎合了当时广大民众的爱国心理，可谓一举两得。

与此同时，宋棐卿又狠抓产品质量，使"抵羊"牌毛线在色泽、拉力、手感等方面，都达到了优质产品的标准。东亚毛纺厂在选择羊毛原料时，凡是毛的含磷量没有达到标准的，一律不准纺制"抵羊"牌毛线，纺好的毛线要经过严格检验才能入库。在价格上，宋棐卿则以英、日为准，随其变动而上下浮动。必要时不惜放弃部分赢利，贴价甩卖，甚至采取买两磅送一磅的促销手段。通过这些措施，有效地抵制了洋货的竞争，打破了英、日企业垄断中国毛纺市场的阴谋，使"抵羊"牌毛线成为家喻户晓、畅销全国的名牌产品，巩固了东亚毛纺厂在国内市场上的地位。1935年，经过一年的商战后，东亚公司吞并了与之竞争的祥和毛纺厂，并在次年建立新厂，加强了经营和生产的力度。经过宋棐卿的苦心经营，东亚公司取得了突飞猛进的良好业绩，"该公司每年的产量达全国民族资本经营的毛线厂总产量的87%"①。

"抵羊"这个品牌的发展并不是一帆风顺的。在产品投放市场初期，"抵羊"牌毛线备受消费者青睐，但不久后，由于其色泽暗淡、粗细不均等质量问题销量一落千丈，最后成为滞销品，致使资金难于周转。面对这样一个事业的低谷，宋棐卿果断采取措施，使"抵羊"毛线的质量大幅度提高，个别型号还超过了"蜜蜂"牌和"学士"牌，东亚当年生产的10万磅"抵羊"毛线全部售光，开业几年，佳音频传。

1937年抗战全面爆发，天津沦陷，东亚公司受到重创。宋棐卿竭尽全力与日商疏通，得以使东亚公司生存下来。但20世纪40年代以后日军对麻、毛等原材料的垄断日益严格，使东亚厂的发展更加困难，随后又是通货膨胀的恶劣经济条件，名扬一时的"抵羊"毛线最终淡出市场。

现在的天津东亚毛纺厂集团有限公司（TDWM）是以天津东亚毛呢纺织有限公司为前身的，是中国首批实行现代企业制度的国有独资公司，是目前中国国有绒线行业产销量最大、产品质量最好的企业之一，延续着70多年前"抵羊"生产精品的传统。

（2）宋棐卿和天津东亚公司

宋棐卿是"抵羊"牌毛线的生产厂家天津东亚毛呢纺织有限公司的创始人。其父宋传典是一个能接受先进思想并深谙管理之道的生意人。宋家长子棐卿很小就进入教会学校读书，并在齐鲁大学和燕京大学学习，在毕业之前被其父送到美国国西大学商学院学习企业管理。其间，宋棐卿发现经营纺织业获利

---

① 丘志华：《裂缝与夹缝——中国近代企业家的生存智慧》，第107页，立信会计出版社，1996年版。

丰厚，而当时我国毛线市场几乎全被英、美等国货品所占领，于是决定自己经营一家毛纺厂。1921年回国后，他一面帮父亲管理德昌洋行，一面不惜本钱从国外购进毛纺织机械设备。但可惜的是因缺乏经验，购进的是粗纺机，纺出的毛线不仅粗而且没有弹性，造成产品的滞压，因而失败了。但极富魄力的宋棐卿并没有气馁，在1926年派其胞弟宋宇涵亲赴美国，专攻毛纺织生产技术。

经过几年的筹划，宋棐卿开办一家自己的毛纺厂的梦想渐渐向现实靠拢，他与德昌的副理赵子贞商议决定把办厂的地点划定在天津。宋棐卿租了当时天津意租界五马路一块15亩的房舍，聘请了上海的高级技术人员，以组织股份的方式筹得23万元作为原始资本。一切准备就绪后，1932年4月15日，天津东亚毛呢纺织有限公司正式成立，并开工投产。宋棐卿任董事长兼经理，赵子贞任副经理，宋宇涵任副经理兼厂长和总工程师。

自创办到抗战的爆发，东亚公司在短短的5年时间里成为全国著名的毛纺企业，"抵羊"牌毛线也成为全国著名的品牌。天津沦陷后，在宋棐卿的努力下，东亚公司勉强维持生产，但到了20世纪40年代，日军对原料控制愈加严格，东亚公司始终处于风雨飘摇的境地。新中国成立后，他曾任全国政协第一届委员和国务院财经委员会委员，积极参与生产。1950年到香港，后定居阿根廷，1956年在阿根廷病故。

（3）宋棐卿的企业经营理念

宋棐卿有着自己一套独特的经营理念，首先是非常注重宣传攻略。针对当时的抗日热潮，东亚厂特别打出了"国人资本"、"国人制造"的广告词，并采用了报刊、电台广播、电影院幻灯、广告牌和马路游行等一系列宣传手段。他们还对潜在消费者进行培训，提高企业知名度以拉动消费。例如东亚公司在毛线问世之初，妇女们大都未掌握手工编制技术，穿针织服装的人不多，影响了毛线的销量。针对这种情况，东亚公司不是被动地等待，而是策划开办义务传授手工编制研讨班，使潜在消费者经过培训变成现实的消费者与传播者。与此相配套，东亚公司还发行售价只为成本一半的《方舟》杂志，每月发行《方舟》月刊12000册，期刊内容丰富，一方面进行了知识普及，同时也是为公司产品作了广告宣传，形成了一个健全的直销网络。这些看似无利可图的举措，说明了宋棐卿不同于只关注于眼前利益的普通生意人，这种需要资金、人力投入和耐心的做法反映了他着眼于大局的魄力。

其次是在销售方面，东亚毛纺厂为使"抵羊"牌毛线能够在洋货比较畅销的城市竞销，采用了"厂商产销合作合约"的方法。具体做法是：由商店预交一部分进货押金给"东亚"，而"东亚"按其押金数每月付息，并给商店以相应的产品。在销售时，产品价格视行情而变，若有亏损，一概由东亚负责。这种经销办法，经销商不担风险，又能获得较丰厚的利润，鼓励了他们与"东亚"合作、与洋货进行竞争的积极性，这就使东亚毛纺厂在全国建立起一个庞大的商品推销网——"抵羊网"，加强了该厂在竞争中的实力。以华北地区为例，仅仅一年时间，已经使"洋货毫无活动余地，吾货独占华北之势已成"（《东亚历史档案》）。在积累资金方面，东亚是本着"不怕股东小，就怕股东少"的原则广泛进行招股，一方面争取像韩复榘、孔祥熙这样的军政要人入股；另一方面也不放弃工人这样的小股东，不仅积少成多积累了资金，还很好地调和了劳资双方的矛盾。

再次，在生产管理方面，公司要求管理人员对各个生产环节耗费的料、工、费和产品完工情况及库存产品等，一一作出详细的明细表，以便准确地核算产品成本和了解销售情况。员工的忠诚度是企业管理好坏的重要指标，也是关系到企业能否顺利发展的重要因素。东亚公司通过各种方式鼓励员工入股，他们提出的口号是"劳资合作，劳方即资方"，规定凡年终分得红利满百元者，其一半按股票计发，使这部分职工成为小股东，其利益与公司的兴衰相连。

此外，宋棐卿还很懂得思想意识对人影响的重要性，他把西方的基督教精神和中国传统的儒家伦理道德巧妙地结合在了一起。如在公司大楼上悬挂"你愿人怎样待你，你就先怎样待人"以及"己所不欲，勿施于人"的厂训；编写了《东亚铭》12条，以格言的方式阐述做人的道理；宋棐卿还成立了"东亚职工青年会"，开办图书室、夜校以及丰富的业余生活节目；最为特殊的是，他还制定了《东亚职工利益表》，提供夜班补贴、伤病补助、生活困难补助等一系列补助项目。此外，他还把对职工思想的引导和培养与对公司的忠诚度结合在一起。

当然，宋棐卿的经营理念里包含了传统的封建色彩和资产阶级的剥削特性，但他注重对员工素质的培养、注重广告宣传攻势、全力塑造企业形象、牺牲眼前利益而顾全长远利益的种种做法，即使在今天要做好它们也是殊为不易的。而在70年前的特殊时代，宋棐卿做到了，这不能不引起我们的思考。

2. 荣氏企业的发展和"人钟"牌棉纱

（1）荣氏兄弟和"人钟"牌棉纱

若论20世纪前期中国最大的民族企业集团的话，就非荣敬宗、荣德生兄弟的荣氏企业莫属了。荣氏兄弟在短短十数年间，建立了一个庞大的荣氏帝国，生产出著名的标准纱"人钟"牌棉纱，建立了拥有9个厂的申新系统，成为我国早期民族纺织业中的翘楚。

荣氏兄弟荣宗敬和荣德生系江苏无锡人，以开钱庄起家，后又经营面粉厂，生产出了像"兵船"这样的名牌面粉，积累了大量的资金，创立了庞大的荣氏企业集团。

随着钱庄和面粉厂的稳步发展，荣氏兄弟开始把经营的范围扩大到纺织行业。从 1915 年到 1931 年的 16 年间，荣氏的申新纺织集团发展成由 9 个纺织厂组成的连锁企业，拥有纱锭 52 万余枚，是此时期中国规模最为庞大的民营纺织企业。

在申新集团的努力下，申新一厂的 16 支"人钟"纱成为上海华商纱布交易所评定的标准纱。所谓标准纱即是每日交易所中进行买卖的棉纱的标准样品，也就是一种参照物，以此为标准为交易的棉纱划分等级，使之以高于或低于标准纱的价格成交。荣氏非常重视产品的质量，这也使得其产品像申新的业务员所说的那样达到"人滞，我不滞；人销，我盛销"的局面。16 支"人钟"棉纱成为标准纱后销量更是节节攀升，声名远播，给申新厂创造了巨大的商业利益，以致两年后外商货品倾销造成国内"花贵纱贱"不利局势、许多纱厂纷纷倒闭的情况下，申新厂还可以照常开工。

1927 年，南京国民政府以"荣氏依附于孙传芳"为由，下令查封其无锡资产，后经多方疏通以认购 50 万元"二五库券"了事，这些库券最终以 40 万元折价售出，由此可以想见当时民营企业经营之难处。

申新的"人钟"棉纱的走畅与当时抵制洋货的爱国运动密切相关。1925 年的"五卅"惨案在一定程度上扭转了民族纺织业所面临的不利局面；1928 年的"济南惨案"更使这股爱国热情达到了高潮。抵制日货运动竟然持续了一年有余，使"人钟"、"宝塔"等棉纱分外热销，以至于一些不法商人和日商甚至盗用"人钟"的品牌来销售自己的商品，使得申新公司不得不登报启示进行澄清："本公司采用上等原料，精纺'人钟'牌棉纱，早已驰名遐迩，近闻有不肖之徒，将劣货改换'人钟'商标，以欺顾客……"

"九一八"事变以后,中国丧失了全部东北市场和部分华北市场,申新纱厂也受到了很大的打击。此外,日商还大肆盗用"人钟"牌商标,也使纱厂的销售状况雪上加霜。尤其是1933—1934年棉纱市场遭遇了1911年以来的低价,16支"人钟"棉纱从1919年的320元跌到1934年的160元——价格跌了一半。此后,荣氏企业遭受债务危机的重创,在这种情况下又要保持高产量应付栈单,因此不再严格要求棉纱的原料质量,造成一批批质量低劣的"人钟"产品问世。这极大地损害了消费者的利益,纷纷要求退货。更加糟糕的是,1934年2月,传来了上海华商纱布交易所停用"人钟"纱为标准纱的噩耗,使申新的经营状况每况愈下。1938年,荣宗敬的长子荣鸿元主掌申新帅印,采取了一系列的措施试图力挽狂澜,但最终没能挽回颓势。

(2) 荣氏企业的发展轨迹

1915年10月,荣氏兄弟在上海建立了申新纺织厂,总资产30万元,荣氏兄弟占其中55%的股份。申新厂有一个与众不同的地方——它采取了股份无限公司的资本组织形式,杜绝了当时普遍存在的有限公司中股东扯皮、坐失良机的弊端。这种经理对企业负有全责的形式虽然存在权力比较集中的问题,但因其有利于扩大再经营、提高生产灵活性、防止资金转移,因而对企业的发展助益良多。

尤其值得一提的是,荣氏企业集团在1919买下了日商的"恒昌源"纱厂,改名为申新二厂。不同于以往只有外商企业吞并本土企业的历史,作为华商的荣氏企业收购了日商的纱厂,这在当时被视为奇迹,在中国近代棉纺织史上也是空前绝后的。

1925年的"五卅"惨案发生以后,全国迅速掀起抵制英货、日货的活动,这种全国范围内的运动在一定程度上限制了外商对华的倾销，也是民族棉纺业推销国货的良机。这一年的6月1日，荣宗敬登报发表了提倡国货的宣告，并在《锡报》上刊登了宣传国货布匹的广告，欢迎客户定织，并代理漂染，还承诺限日交货、不误使用。这年秋天，棉花又获丰收，棉价节节降低，为棉纺织业的发展带来佳音。如此的天时、地利与人和，使申新在这两年间佳音频传。

但必须指出的是，荣氏在20世纪20年代飞速发展的这10年间，为了打破在华日商的垄断地位并与之竞，争到尽可能多的市场份额，基本上是依靠借债来扩大生产规模的。到了20世纪30年代，中国的纺织业面临着一个异常严峻的局面。1931年"九一八"事变以后，日纱逐渐向华北地区倾销，两年后纱布价格跌到1912年来的最低点，就连民族企业中规模最大的申新厂亦不能幸免。荣宗敬曾这样描绘当时的情景："……无日不在愁城惨雾之中。花（棉花）贵纱贱，不敷成本；织纱成布，布价亦仅及纱价；销路不动，存货山积。昔日市况不振之际，稍肯牺牲，犹可活动，今则纱布愈多，越无销路，乃至无可牺牲……盖自办纱厂以来，未有如今年之痛苦者也。"一个典型的例子可以说明这种情况：作为上海交易所的标准纱，申新厂的"人钟"牌棉纱一直享有盛誉，在1931年16支"人钟"牌棉纱每件最高售价为257.34元，而1933年其售价最低竟达到176元，1934年甚至跌至160.34元，下跌了近四成。

这个在夹缝中艰难生存的荣氏企业债台高筑，到了1934年，申新公司甚至出现资不抵债的尴尬局面。至1934年上半年，申新厂全部资产6898万元，而负债额已达6375万元。1934年2月，因为大环境的影响和经营的失误，上海华商纱布交易所停用了"人钟"牌棉纱，"人钟"牌棉纱丢掉了"标准纱"的称号。盛极一时的荣氏企业渐渐没落，而著名的"人钟"牌也失去了它往日的光辉。"纱厂自'九一八'后，华纱到货极微，市上所销者，大半'仙桃'、'日光'（皆为日本纱厂的棉纱品牌），'人钟纱'已绝迹半载。"①

"'九一八'以后，中国丧失了全部东北市场和部分华北市场，申新纱厂也受到了很大的打击。"②"九一八"事变给申新厂带来的灾难是沉重的，侵华战争爆发后，申新系统被毁坏的纱锭有 207484 枚、布机 3226 台，分别占到战前 57 万枚纱锭总数的 36.4% 和 5304 台布机总数的 60.8%，损失可谓非常惨重。荣氏在战时的损失大约为 3500 万元，眼看着几十年心血毁于一旦，荣氏兄弟莫不痛心疾首。

20 世纪 30 年代在荣家最困难的时候，以陈公博为部长的国民政府实业部对荣宗敬的申新系统纱厂作了调查，提交了《申新纺织公司调查报告书》。这份报告书将其资产归为负资产，其意在于暗示申新已经破产了，以此来提出由债权人接管，制造"收回国有"的舆论，并对其从轻估价 300 万元。荣宗敬对此非常愤慨："实业部想拿 300 万元夺取我 9000 万元的基业，我拼死也要同他们弄个明白！"

实业部对申新的超低估价，使当时的实业界寒心和自危，纷纷致电国民政府表示抗议，孔祥熙把资产情况改为"资负相抵"。此后，宋子文提出由债权人（几家银行组成的银团）暂管申新，并图谋吞掉申新，后因为种种原因没有成功。宋子文想和上海银行的老总陈光甫合作共同吞掉申新。但陈光甫和荣宗敬是旧交（荣宗敬是上海银行早期的股东之一），不愿乘人之危，称上海银行财力不够支持此次收购，以比较婉转的方式拒绝了宋子文，宋只得作罢。荣氏的申新由此逃过一难。

---

① 王翔：《老商标的故事》，第 62 页，民主与建设出版社，2004 年版。
② 同上。

上海花、纱、布批发价格的变动（1931—1934）[1]

年 份	上海通州棉花批发价格（每市担，元）	上海16支人钟纱批发价格（每件，元）	上海12磅本色布（无锡申新出品）批发价格（每匹，元）
1931	44.24	237.60	7.95
1932	33.42	220.32	6.92
1933	35.76	188.77	6.10
1934	34.86	175.58	5.63

(3) 荣氏的企业经营理念

纵观荣氏企业的发展，我们可以看到一套独特的企业经营策略。

首先是对机器设备的重视。"造厂力求其快，设备力求其新，开工力求其足，扩展力求其多"。在1919—1932年的10多个春秋中，申新扩展为9个厂，资本总额增长近50倍，棉纱产量增长80余倍，棉布产量增长90余倍，在全国同行业中堪称翘楚。其纱锭总数占全国棉纺织工业的11%，占全国民族棉纺织工业（国人资本）的20%。

荣氏兄弟最异于一般企业家之处，首先在于他们所具有的相当大的胆识与魄力。荣氏兄弟坚信"非扩大不能立足"，认为只有扩大经营规模才能站稳脚跟，增加自身的竞争力。荣宗敬曾说过："竞争如同打仗，我能多买一只纱锭，就像多得一支枪。"荣德生晚年曾做过这样的总结："尝思陶朱公，臆则屡中，非偶然也，每以此语与同仁及学生讲之。"

其次是对原料质量的注重。他们曾一再向政府当局条陈"大农计划"案、"垦边"案以及"振兴农业、复兴工业"案等，呼吁"改善农业生产条件，重视农业的发展，以促使民族轻纺工业得到充足的原料供应"（荣敬宗，《开拓西北，推广植棉案》）。

---

[1] 许维雍、黄汉民：《荣家企业发展史》，第92页，人民出版社，1985年版。

20世纪前期中国民族纺织品牌发展初探

1916—1936年申新纺织公司各厂棉纱、棉布产量统计[①]（单位：棉纱/件、棉布/万匹）

年份	申一、申八 棉纱	申一、申八 棉布	申二 棉纱	申三 棉纱	申三 棉布	申四 棉纱	申四 棉布	申五 棉纱	申六 棉纱	申六 棉布	申七 棉纱	申七 棉布	申九 棉纱	申九 棉布	合计 棉纱	合计 棉布
1916	3584	—	—	—	—	—	—	—	—	—	—	—	—	—	3584	—
1917	9723	2.90	—	—	—	—	—	—	—	—	—	—	—	—	9723	2.90
1918	9811	12.37	—	—	—	—	—	—	—	—	—	—	—	—	9811	12.87
1919	—	—	—	—	—	—	—	—	—	—	—	—	—	—	—	—
1920	—	18.30	—	—	—	—	—	—	—	—	—	—	—	—	—	18.00
1921	24300	—	12000	—	—	—	—	—	—	—	—	—	—	—	36300	—
1922	27982	34.34	21131	30047	1.62	1196	—	—	—	—	—	—	—	—	80356	35.96
1923	25976	38.30	8616	32401	31.90	8350	—	—	—	—	—	—	—	—	75343	70.20
1924	25000	—	21000	28367	20.56	8714	—	—	—	—	—	—	—	—	82081	20.56
1925	27318	56.72	22050	35286	40.92	12610	—	—	—	—	—	—	—	—	97264	97.64
1926	30459	67.61	22000	33812	31.22	9917	3.34	20479	—	—	—	—	—	—	116667	102.17
1927	28764	73.59	6808	26858	26.56	8543	6.69	15725	—	—	—	—	—	—	86738	106.84
1928	2.78772	27	15010	42428	53.86	17529	20.15	24137	11996	—	—	—	—	—	133550	146.28
1929	30332	80.10	21836	39640	53.23	15792	16.29	24216	11326	—	663	—	—	—	165127	167.41
1930	35514	69.76	25534	38621	49.52	19587	24.26	28203	10948	—	21985	17.79	—	—	182925	174.23
1931	53331	75.75	24579	41627	58.27	20283	29.78	22172	4657	4.26	25805	30.69	26819	35.97	221273	243.22
1932	71588	73.52	22698	48789	57.42	24556	32.29	22529	41526	34.21	27168	39.19	47394	52.28	306248	282.56
1933	—	—	—	48198	65.40	—	—	—	—	—	—	32.84	—	—	48198	65.40
1934	—	—	—	5144	65.33	—	—	—	—	—	—	—	—	—	51414	65.33
1935	82262	62.40	2292	53276	69.27	30166	33.14	2355	36190	25.80	30419	23.05	48790	29.55	285928	243.21
1936	87804	84.10	3556	57692	88.55	37090	44.09	2763	40860	14.80	34575	24.74	55313	32.15	319653	288.43

① 《中国近代经济史研究资料》(3)，第191—192页，上海社会学院出版社，1985年版。

最后，在企业的资金筹集方面，荣氏兄弟也有其独到的管理主张。荣氏兄弟的经营指导思想是："要拿大钱，所以要大量生产"。为扩大企业规模，在资金短缺的情况下，荣德生提出，申新纺织公司"除发股息外，一般不发红利给股东，盈利不断滚下去，用于扩大再生产"（《荣家企业史料》，上册）。其他民族企业，像大生纱厂、豫丰纱厂等，都把提取"公积金"作为追加资本、扩大企业资金的主要途径，少提或不提红利，"厚储公积"，并使之转化为资本积累。

此外，他们对人才的认定也不拘一格。他们认为，"若虚有其名，无裨实用，不如无学"（荣德生，《乐农自订行年纪事续编》）。这种在选择人才时重视"实用"的思想，在当时民族企业中有一定的代表性。

荣宗敬于1938年1月前往香港，"国事、家事、企业事"事事不顺让他忧郁成疾，在极度的伤心和失望中谢世。临终，他还以"实业救国"训勉子侄后辈。是年2月15日，国民党行政院第305次会议通过决议，提请国民政府明令褒扬荣宗敬"提倡实业、苦心经营数十年功绩和不畏日伪威胁、遁迹香港的志节"。两日后，褒扬令颁发了下来："荣宗敬兴办实业，历数十年，功效昭彰，民生利赖。此次日军侵入淞沪，复能不受威胁，避地远引，志节凛然，尤堪嘉赏。兹闻溘逝，悼惜殊深。应予以命令褒扬，用昭激励。"

三、民族纺织企业家在品牌发展中所起的重要作用

中国的民族资本企业自出现以来，就受到了外国资本主义和本国封建势力的双重排挤和压迫。民族资本纺织业是在进口纺织

品和外商在华设厂产品占领绝大部分市场的情况下成长的,困难不可谓不多,环境不可谓不艰难。中国的民族纺织品牌在与"洋货"的激烈竞争中,处于资金、原料、技术和设备等方面的劣势,可以说是举步维艰。

创造了这些"品牌"的民族企业却能在不利的条件下逐渐得以发展和壮大,即使在这样可谓恶劣的环境中依然能够前行,并敢于与外国资本相抗衡。究其原因,除了客观的世界经济形势和历史条件给予了民族资本企业一个发展的有利时机外,一个重要的内部原因,就在于具有卓越思想的民族企业家们。他们在企业艰难、漫长的发展过程中,逐渐形成了颇具自己特色的经营管理思想,并将其运用于企业的管理实践中去,取得了明显的成效。这些具有时代特征和中国特色的经营管理理念和企业文化都值得我们去思考、体味。

在21世纪我们一页页地阅读着一个世纪前的那些民族企业家的辉煌与失败、痛苦与挣扎,他们的酸甜苦辣即使穿越了世纪的沧桑,却依然能让我们动容。这个时期的民族企业家有一个较为普遍的特点,即他们大都从少年时就浸淫在传统的儒家文化中,都有一定的学识,甚至有像张謇这样达到获取功名顶峰的末代状元。用他们自己话的说:"古之圣贤,其言行不外《大学》之'明德',《中庸》之'明诚',正心修身,终至国治而天下平。吾辈办事业亦犹是也,必先正心诚意,实事求是,庶几有成。"由此可以看出传统文化对他们的巨大影响。

而渗透到骨子里的,对传统儒学的尊崇并不妨碍他们勇敢地接受新鲜的事物。当西方资本主义的触角不仅深入到中国的政治和军事等领域,而且妄图在经济上获得最大的利益时,是这些民族企业家以敏锐的时代嗅觉和快速的接受能力把西方先进的科学技术和管理方式嫁接到古老的中国,为我所用,这份果敢是今天的我们很难企及的。近现代中国纺织业中民族企业的创办者,大多是白手起家，但他们善于学习和把握机会，拥有高超的经营胆略和老道的经营手法，因此能够傲视群侪并从中脱颖而出。

首先，从意识形态的社会价值观来说，他们改变了中国几千年以来的"重农轻商"以及"学而优则仕"的观念，起带头作用的是李鸿章、左宗棠、张之洞[①]等大官僚，在19世纪后期纷纷开办纺织企业，出入于"仕"与"商"之间。严格来说，他们不属于民族纺织企业家的范畴内，但他们的举动促使了张謇、荣氏、蔡声白等民族企业家投身到开办实业的热潮中，并推动了全国各地开办纺织企业的热潮。

其次，从经济层面上来说，民族企业家们投身纺织实业，为改变根深蒂固的传统农业经济做出了不懈的努力。他们斥巨资采买国外最先进的机器设备，他们花重金去西方学习其先进的专业技术和管理方法：他们深知"人唯求旧，器唯求新"的古训，不惜一掷千金购买先进的纺织器械，这是"唯以添机改良为条陈"。不但如此，他们还学习纺织技术和企业管理经验，"用最新最省制计划"为企业谋求最大的利益。他们打造了一个个可以与洋货抗衡的品牌，他们带来了较为成熟的企业文化和管理体系，这些努力在当时中国的大环境中都殊为不易。

最后，在洋货充斥、帝国主义势力横行的年代，他们以实际的行动体现了他们的爱国情操和民族意识。

总的来说，在帝国主义、封建主义和官僚资本主义重重压迫的情况下，中国民族企业家善于适应社会形势和经济条件的变化，及时变革经营管理观念，不断改进管理的方式、方法，从而解决了资金缺乏、技术落后、原料不足、设备陈旧等一系列问题，提高了劳动生产率，扩大了生产社会化，使民族企业在与这

---

① 李鸿章于1878年创建上海机器织布局，左宗棠于1878年创建甘肃（兰州）织呢局，张之洞于1888年创建湖北织布局。

些反动势力的抗争中,顽强地生存下来,并为近代中国经济的发展做出了贡献,创建了一个又一个响当当的民族纺织服装品牌。

四、对今天品牌发展的意义所在

21世纪是一个资讯异常丰富的年代,这也使得我们可以轻而易举地得到大量先进的经验和技术,同时,我们也愈来愈失掉了"向内"自省的愿望和想法。也许在我们"向外求"之前可以先回过头来看看我们自己的历史——在艰难环境中塑造了一个个"品牌"的民族纺织企业,它们的发展史中所蕴含的经验、技巧、文化内涵就像一座宝库,可以带给今天的我们许多思考。下面就试着把它们条分缕析地归纳起来。

综观近现代民族纺织企业的发展、纺织服装品牌的成长,带给我们后代的经验和财富主要包括在两个层面:其一,是经济层面上的,主要是关于纺织服装企业的经营管理思想;其二是意识形态方面的积极影响。除了以上两个方面外,他们惠及大众的行为(也可以理解成我们今天的"公益事业"),也非常值得我们学习。

1. 企业经营管理思想上的意义

关于纺织服装企业的经营管理思想,主要包括三方面的内容: 是开拓和占有市场;二是筹措和运用资金;二是对人才的培养。这些思想的确立与实施,使得中国近代民族企业在与西方国家的企业竞争中为自己争得了一席之地,对我们今天企业的发展也具有现实的意义。

(1) 开拓市场和占有市场

民族企业为了争取自身的生存和发展,就要适应市场的变化。在对市场进行科学预测的基础上,制定企业的生产和经营方针。在国外商品充斥中国市场的情况下,要赢得市场并在竞争中获胜,就必须打破洋货独霸市场的局面。民族纺织企业非常重视提高产品质量和对市场的开拓,其经营管理思想主要体现在三个方面:

①引进先进的技术、设备、生产和管理模式。
②提高产品质量,重视原料来源。
③积极参与市场竞争,扩大市场占有率。
(2) 筹措资金和运用资金

一般来说,我国近代纺织企业家的资金都不够充裕,很容易被资金雄厚的外国企业所吞并。因此,民族纺织纺织企业要想得到生存和发展,必须通过各种渠道来筹措资金,用于扩大再生产。所以,如何筹措和运用资金,就成为民族企业家经营管理企业中要解决的最主要的问题之一。

民族纺织企业把自身获得的利润转化为资本是资金筹集的一个重要方面。因此,一些民族纺织企业家把利润的积累看成是企业在激烈的竞争中成败的关键。使利润进行资本化以获取更大的利润是企业正常运行的保证。他们把提取"公积金"作为追加资本、扩大企业资金的主要途径,少提或不提红利,"厚储公积",使之转化为资本积累。

近代民族纺织企业就是通过这种依靠自身积累的办法,使企业获得充足的资金,一步步增强了与资本雄厚的外国企业进行竞争的经济实力。

(3) 对人才的培养

民族纺织企业家对选拔和物色到的人才,都尽力做到人尽其才,委以重任。在这些用人原则下,许多专业技术人才被重用,并使他们有明确的工作责任、职权划分和与工作性质相符合的报酬。在对待人才方面,东亚公司的做法非常突出——东亚毛纺厂聘请了一批专业技术人才（知名专家、教授和留学归国的博士），对这些专门技术人才给予优厚的待遇。

2. 意识形态方面的意义

（1）"品牌"意识的确立

在现代的企业文化理念中，企业的商标是企业立足的前提——它通过组织化、系统化的视觉表达形式来传递企业的经营信息。它的基本要素有企业名称、品牌标志、标准字和标准色等，便于消费者对企业和品牌的识别。

在今时今日，如果以一个词来替换旧时的"商标"这个概念，那么就是"品牌"了，我国早期的民族企业家非常注重"品牌"的概念。有些企业的名称、字号、产品的名称在当时名噪一时，有的还享誉海内外，甚至成为今天中华民族的老字号，至今流传很广。"鹅"牌针织衫、"东亚"牌毛纺产品、"抵羊"牌毛线、"英雄"牌绒线等，近代民族纺织企业大都为自己的产业起了一个不仅响亮而且贴近民意、符合民族性的品牌名字，为他们对外宣传、树立社会形象起到了不可替代的作用。

他们采取措施维护自己品牌的合法权益，如为了抵制市场上假冒的"金双鹿"品牌牛丝，永泰丝厂在产品的小绞丝内夹上用薄纸印制的"金双鹿"的小商标进行防伪。他们采取一系列措施维护品牌的竞争力、增强品牌的凝聚力，凡此种种在那个国门被迫洞开仅仅几十年的时代无疑是殊为不易的。

新中国成立以后，因为各种原因品牌的意识较为淡薄，我国的纺织服装产品度过了较为漫长的品牌缺乏的日子，直到20世纪末、尤其是新世纪开始后，国际国内激烈的竞争环境、市场经济为主体的经济运行方式使得"品牌"这个概念又被提到异常重要的位置上。我们在从西方世界吸取先进生产、管理经验技术的同时，也许可以回过头来看看20世纪早期我们自己的纺织服装品牌的发展历程。

(2) 企业文化的建立

建立起比较成熟的企业文化的典型代表是天津东亚公司，宋棐卿为东亚建立了一整套完备的企业文化。东亚公司的企业精神就是"军事纪律，基督精神"。所谓的军事纪律是指以军事纪律般的严格手段来管理企业，基督教精神就是以带有宗教色彩的道德规范来凝聚人心，强调把基督教义和传统儒家伦理道德相糅合，以此来求得企业内部关系的和谐一致。并在公司的墙上高悬着"己所不欲，勿施于人"的价值观念，在墙的另一侧写着东亚公司的厂歌，号召职工"爱护东亚，精诚团结"；宋棐卿还编写了《东亚铭》作为员工的行为规范，后来又编写了一套系统宣传企业伦理精神的讲义总称为《东亚精神》。虽然东亚公司的"军事纪律，基督精神"的企业形象，包含着剥削的残酷性和传统伦理的封建性，但是在企业管理中如此自觉地注意企业形象的塑造，毕竟是一种近代意识的表现。

(3) 树立自强信心、弘扬爱国意识

20世纪前期我国民族纺织品牌的发展中有一个无法被忽视的亮点——爱国主义。这并不是狭隘的民族主义，但当时"纯粹国货"、"请用国货"的口号也无疑让我们热血沸腾。在崇尚洋货的今天，那种全国上下对国货的爱护让我们先是"很难理解"、进而产生一种骄傲、而后就是汗颜了。

民族纺织品牌的产生、民族纺织企业的发展，究其根本：一是利润的驱动；二是当时洋货的泛滥、国货溃不成军的局面极大地损害了民族企业家的民族自尊。于是，他们开始学习西方的先进生产、管理技术，开始斥巨资购买最先进的机器，开始竭尽所能把自己的所有都倾注在这项事业上。在民族品牌的销售过程中，民族实业家们深谙当时人们的爱国热情，于是不约而同打出了"爱国牌"和"民族牌"。

清末民初，古老的中国不断遭受西方列强的欺凌，造成我们这个弱势的不仅仅是因为军事力量的悬殊，还在于双方在生产力和生产方式上的巨大差距。面对这种状况，每一个富有良知的国人都无法释怀。在这种情况下，民族纺织企业家和其他各个行业的实业家们纷纷在内外夹击的不利境地下推出了一个个属于我们自己的民族品牌，以求"经济救国"、"实业救国"，这本身就是一种爱国的行为。

民族品牌推出后，又激发起另一轮爱国举动——国货运动。国货运动是用"国人用国货"的经济手段来反对或是减轻帝国主义列强对我国的经济压迫，扩大民族资本在国内的市场份额。在这场运动中，同为国人的"买者"和"卖者"齐心协力倡导国货、共御外侮，极大地激发了双方的爱国热情、树立了自强自立的决心。这对今天的我们也有着警示的作用："如果说20世纪30年代的中国，民族工业弱小，乃致于呼吁提倡国货的话，那么今天我们依旧是发展中国家，我们应在世界经济大循环中提高自身的力量……仍需要重新提高国货意识。我们不希望我们的服装业也像饮料业那样，城池尽失；我们也不希望有一天中国人穿的全是中国生产的洋牌，或全是洋面料的中国牌。"①

3. 惠及大众的"公益事业"

20世纪前期，民族纺织品牌的兴起改变了物美价廉的洋货独霸市场的局面，在一系列的努力之下取得了阶段性的成功。这种成功不仅仅局限于一个纺织品牌的发展、一个企业的兴衰，还关系到当时的民众，这其中很多"品牌"的成功起码惠及一方百姓，翻开历史的书柬，我们会看到这是一个不争的事实。

末代状元、民族纺织企业家张謇在20多年的时间中，创建

---

① 袁仄：《人穿衣与衣穿人》，第64页，中国纺织大学出版社，2000年版。

了通州师范学校、农学堂，建立了翰墨林印书馆，创办了纺织染传习所、养老院、南通医科专门学校、贫民工场、刺绣工艺学校。此外，张謇还创办了南通博物苑和南通图书馆；创办了我国第一个改造乞丐的民间机构——栖流所和我国第一个改造妓女的民间机构——济良所。严裕棠于1919年购地建造小学一所，以后增建二小、三小，且免收学费。他还在多所学校设立补助金、助学金，并为孤儿院、图书馆等社会福利事业捐款。嵇慕陶于20世纪20年代末期在浙江德清举办蚕丝传授班，就近招收学生，教授新式育种、养蚕、缫丝技术，为当地蚕丝业的发展做出了贡献。穆藕初于20世纪20年代末期在浙江德清举办蚕丝传授班，就近招收学生，教授新式育种、养蚕、缫丝技术，为当地蚕丝业的发展做出了贡献。荣宗敬也曾说过："开发地利，巩固边圉，安插闲散，挽救漏卮，一举数得。"[①] 这"一举数得"中体现了荣氏对民众疾苦的关怀。这些创建了民族纺织品牌的企业家们兴办了大量的公益设施和救助机构，为当地的百姓造福。

综上我们可以看到，为企业获取利润并不是民族纺织企业家殚精竭虑发展实业、争创品牌的唯一目的所在。由于年代的久远、资料的有限以及篇幅所限，以上所列举的对于民族企业家惠及大众有形和无形的善举难免挂一漏万，但窥一斑可以知全豹，在赞赏之余非常值得我们警醒。

五、结　语

提到20世纪早期中国民族工业的发展，纺织业是不能不被

[①] 许维雍、黄汉民：《荣家企业发展史》，第305页，人民出版社，1985年12月。

提起的，这既是因为它在民族工业中所占的重要位置，也是因为众多的民族纺织品牌的建立过程中百味杂陈：有崛起的荣耀、也有被夹击的屈辱，有不懈的奋进、也有痛苦的挣扎，有创业的艰难、也有守业的艰辛，有放弃也有坚守，有黯淡也有辉煌。但无论怎样请不要忘记民族企业家们那极具前瞻性的眼光：19世纪以来，西方国家的迅速发展使他们都感到，只有经济强大了才拥有世界舞台上的"话语权"，于是他们选择了力所能及的振兴中国的方式——纷纷走上了"实业救国"的道路。特别值得提出的是，我国早期的民族纺织品牌都是在国内国际的层层压力下艰难成长的，此外，他们的发展与国家的发展休戚相关。虽然这些名满一时的纺织品牌大部分都湮灭在历史的长河中，但我们不能忘记：不能忘记它们的优良品质和成功运作；不能忘记它们在提倡国货的时代所带给国民的鼓舞；不能忘记它们所创造的经济价值和社会价值；不能忘记它们对中国纺织工业的发展所做出的不可磨灭的贡献。

从古典到现代

——包豪斯对现代设计的影响

自文艺复兴时期开始,艺术逐渐作为一个独立的门类从政治、经济和宗教中分离开来,曾作为手工艺人的艺术家们也从此成为具有专业素质的脑力劳动者。对于艺术而言,古典和现代的限定不单单是以时间为界线来划分的。创作理念(为审美还是为实用)、制作方式(手工艺制作还是工业生产)和受众的不同(为少数人还是为多数人),也可以作为它们的区分标志:几百年来,艺术因其繁复的手工制作方式决定了它只能为少数贵族阶层服务的特点,这时艺术与经济的联系很少,更多地停留在形而上的精神层面上;工业革命和科技的进步导致了机械生产的介入,这种与工业设计紧密相连的大生产促进了产品数量的增长,使普及成为可能。于是,设计(design)这个概念登堂入室,艺术再也不是象牙塔里仅供少数人欣赏的"阳春白雪",它和功能性、批量生产等概念联系在了一起,完成了从古典到现代的转变——现代设计的时代到来了。

一、包豪斯之前

直到 19 世纪中期,在设计界"为艺术而艺术"的唯美主义的古典设计理念始终占据着统治地位。这种局面一直持续到 1851 年,英国伦敦的水晶宫世界博览会(The Great Exhibition)成为了一个契机,改变了设计的发展方向。

这次博览会可以说是英国工业革命的产物，它倡导一种工业化的大批量生产方式，并且试图提升设计师对设计材料的重视。这种对机器美学的肯定摒弃了那种为少数人进行设计的装饰设计传统。虽然这个以玻璃和水泥架构的"水晶宫"里展出的工业产品大部分都是粗陋不堪的，但它推动了有识之士对于什么才是现代设计的思考——如何在工业时代重新定义"设计"这一概念？

约翰·拉金斯（John Ruskin，1819—1900）就是其中具有代表性的一位，他认为不能和美术结合起来的、批量生产的设计无疑是失败的，设计还要与实用结合，为大众服务。另一位对这种批量粗制滥造的生产方式提出疑问的是英国的设计家威廉·莫里斯（William Morris 1834—1896），他在19世纪下半叶带动了"工艺美术"运动（the Arts & Crafts Movement）的开展。

虽然"工艺美术"运动在形式上来看是对工业化生产的否定，但它无疑提升了设计的重要性——设计不仅仅是或不再只是个人的审美情趣的问题，它更是一个为大众服务的、现实的社会性的问题。在随后的1890—1910年间，"新艺术"运动（Art Nouveau）可以说是"工艺美术"运动的延续，它试图以自然主义的风格和形式在艺术和技术之间寻求一个最为有效的支点。20世纪的第二个10年里，"装饰艺术"运动（Art Deco）流行于欧美，它希望以一种折衷的立场来调和繁复的手工艺生产和批量的工业生产之间的矛盾。

但无论是否定工业革命的"工艺美术"运动，还是崇尚自然主义的"新艺术"运动，以及折衷立场的"装饰艺术"运动，都是为包豪斯完成其设计观从古典到现代的转变而做的观念和理论上的准备。

二、永远的包豪斯

"艺术设计既非精神活动,也非物质活动,而是生活的组成部分。"

——格罗佩斯

在 20 世纪初工业化大生产的背景下,已有的设计观显然已经不能满足社会的需求,社会需要一种崭新的设计思想来指导,于是包豪斯应运而生了。1919 年在德国魏玛成立的包豪斯(Bauhuas)设计学院无疑使设计从艺术的圣殿走向平民大众迈出了关键的一步,它对现代设计的影响无远弗届,彻底打破了艺术和手工业之间存在了几百年的森严界限,建立了为大众生活而设计的现代设计理念。

包豪斯的第一位校长是设计家沃尔特·格罗佩斯(Walter Gropius,1883—1969),他以不懈的努力通过包豪斯这所现代主义的设计学院向世界推广现代主义的设计教育理念。"艺术与技术的新统一"是格罗佩斯的设计理想。其后包豪斯又经历了汉斯·迈耶(Hannes Meyer,1927—1930)和米斯·凡德洛(Mies Van der Rohe,1931—1933)两位校长的管理。

格罗佩斯的理想主义、迈耶的共产主义和米斯的实用主义,使包豪斯兼具了理想主义的浪漫、乌托邦的激情和实用主义的严谨,而这三者的完美结合体现了把物质和精神合二为一的现代设计的思想内涵。

包豪斯集中了 20 世纪初欧洲对于设计的新探索与实验成果,比如米斯·凡德洛的"less is more(少即是多)"的设计理念,这个理论彻底地打破了充满复杂装饰的、无功用的、传统的设计理念，影响了几代人的设计观。比如包豪斯找到了分散的艺术的各个门类（建筑、绘画、雕塑）的共同基础，并把它具体化后纳入了设计活动中——开创了三大构成的课程；它设置了数学、物理和材料学等一系列科学技术课程，使艺术设计有了坚实的科学基础，比如教员伊顿（Johannes Itten，1888—1967）最早引入现代色彩体系并开创了现代基础课程。在现代工艺设计理论方面，包豪斯所出版的多种专著作为文字资料广泛流传，对后世产生了深远的影响。

此外，与传统学校不同，这里没有"学生"和"老师"，教授采用"master（导师）"这个称谓，并且取消了画室而采用工作室的制度，彻底地颠覆了已有的教育概念。但最具革命性的当属它对设计教育思想的解放：它要求学生们自觉摒弃对任何一种固定风格流派的模仿，教育的重点不在于判别每个学生天赋的高低，而在于发掘不同的人在色彩、明暗、材料、性能等不同方面的长处（这一点和我国古代的孔子所提出的"因材施教"有着异曲同工之妙）。包豪斯的教师们认为，重要的不是向学生传授自己的创作方式，而是要让学生探索适合个体的发展道路——"学校里不该教的东西，那就是艺术流派和艺术风格。学校的任务在于指明道路，提供手段，而目的和最终决定的寻求是艺术个性的任务。"[①] 包豪斯实行了理论与实践同步进行的教学方法。应该说它所希望培养的，是能把工艺、艺术和设计在某一个层面上完美结合的设计人才。无论是功能主义、实用主义还是其他理论，包豪斯在不同的时期所强调的理念虽然各有偏重，但设计与技术的统一、以人为本的理念，遵循自然的法则是包豪斯不变的设计主线。它是一种设计观念的改变，它改变了设计师的设计思路，改变了设计的发展方向，从而最终改变了人们的生活。

---

① 康定斯基：《艺术学校的改革》，第17页，莫斯科，1923年版。

架构在功能性前提之下的包豪斯产生于20世纪初工业化大生产的背景下，它阐明了其设计的受众是广大的民众，于是，设计由古典走向了现代。

三、包豪斯之后

在包豪斯的影响下，设计变得越来越注重实用功能，摒弃了以往那种只注重审美性和片面装饰性的设计传统，开始了它物质层面和精神层面并重的时代。以包豪斯为基础的国际主义风格席卷全球，设计在最大范围内实现了它从古典到现代的蜕变。

1933年包豪斯解体之后出现了两种设计观："价值创新"的理论和"合适设计"的理论。前者意在通过对产品的设计来提高商业价值，而后者旨在通过设计来改善人们的生活水平。后一种设计观可以说是包豪斯"为大众生活而设计"的理念的延续。但随着经济的发展，利润成为设计所追逐的最终目标，后者成为占有主导性地位的设计观，现代主义著名的设计理念"形式追随功能"[1]被"设计追随销售"所替代。设计不再是建立一种理想的生活方式的推动力，而变成了提高企业竞争力、追求剩余价值的手段。在供过于求的市场经济下，人们考虑的是如何生存和发展，商业利益最终成为产品存在的理由。同时，社会分工的日益精细使设计成为高度专业化的行业，从而使它与工业、商业、生产和销售更加密不可分，弱化了和大众生活之间的联系，在经济高度发展的今天这无疑是一个不容忽视的问题。

从"为艺术而艺术"到今天"为商业利润而艺术"，设计自身从一个极端走向了另一个极端。而对于包豪斯来讲，不论在它

---

[1] H. 沙利文（H. Sullivan）："Form follow functions".

存在的 14 年中艺术和功能如何交替各占上风，它始终站在天平两端的平衡点上，这种平衡作为它设计思想的合理内核使之成为设计史上永远的里程碑。

四、结　语

包豪斯的教育体系和设计观顺应了时代的潮流，是 20 世纪初特定历史时期的产物；同时，它的成熟和发展也改变了设计的观念、改变了人们的生活。包豪斯完成了历史赋予它的使设计从古典向现代转变的使命，但今天的我们应该如何去重新定义"设计"？也许包豪斯能给予我们一些启示。

"民族传统服装设计"课程的教学实践与思考[①]

"民族传统服装设计"课程是中央民族大学美术学院"艺术设计服装"专业四年制本科教学中一门重要的必修课程。它连接了"传统"与"现代"、"民族"与"时尚",既体现了服装专业"承古扬今、立中融西,民族、时尚、市场为根,创新、就业为本"的教学指导思想,也符合今天服装设计舞台上回归传统与吸纳民族元素的潮流趋向。

如何在"民族传统服装设计"课程中把握服装中传统与现代的关系?如何启发学生在借鉴"传统"的同时又能为"现代"所用?如何将两者进行完美结合并完成相关命题的设计?是这门课程所要解决的主要问题。

"民族传统服装设计"课程的教学实践主要包括两个方面:一是教师的教学部分;二是学生的实践部分。

一、"民族传统服装设计"课程教学部分4个环节的设立

在讲课环节主要是让学生们增进对民族传统服饰文化及其元素的理解,并分专题进行讲解。每个专题由4个环节组成,以满族传统服饰旗袍的专题为例,这4个环节包括:(1)满族旗袍的

---

① 原文载《服装时报》,2006年5月20日。

历史与文化,这个环节主要从文化的角度对满族旗袍的源流、发展和文化内涵等方面进行介绍;(2)传统旗袍的基本元素与特点,这个环节以传世照片为辅助材料,从传统旗袍的构成要素(款式特点、面料特点、结构特点、风格特征)入手进行系统的梳理;(3)传统旗袍的设计元素分析,侧重分析旗袍的设计元素并对国内外著名设计师的旗袍现代设计案例予以介绍;(4)传统旗袍的现代设计方法,主要从设计方法的角度对传统旗袍的现代设计进行讲解,如元素重组、结构与解构、款式变化等方法。其他专题依此类推,也是按照这4个基本环节来设置和执行的,即历史与文化、基本元素与特点、设计元素分析、现代设计方法。

二、"民族传统服装设计"课程实践部分的5个要点

在确保对前4个环节的讲课内容学生能够充分掌握和理解的前提下,为了保证实践部分的顺利进行,有5个问题要充分引起注意:

1. 注重对民族元素的运用与民族服饰文化的把握

给服装设计专业的学生讲授民族传统服饰的现代设计课程中,首要的问题就是对民族元素的运用以及对民族传统服饰文化的把握。只有对民族传统文化有了较为深入的认识,才能抓住其内涵和核心的精髓;只有对民族元素有了一定的了解,才能游刃有余地对其进行设计与运用。因此,在这门课开始的时候,给学生们补充这些方面的知识尤为重要。在讲授的同时,也可以给学生们留一些小的设计练习,如利用藏族服饰元素进行领部设计、

利用苗族服饰元素进行面料设计等,既加深了学生对相关知识的认识也锻炼学生的实际设计能力。

2. 注重草图即设计思维过程

通常认为对服装的教学应将重点放在最后效果图的完成阶段,这有其一定的正确性,但也存在很大的问题。要得到一个好的设计,仅仅注重最后的"结果"是不行的,其实"过程"更为重要。因为好的设计必然包括步步深入、层层完善的过程,这就要求设计者重视草图阶段的练习。在得到最后的效果图之前,我们所要画的草图可能有几张、十几张甚至数十张之多,这是一个设计思路逐渐清晰、设计思维逐渐完善、设计细节逐渐明确的扬弃过程,这个过程才是对设计者最重要的磨砺。因此,与以往设计课更为重视效果图的表达环节不同,在本门课的教学过程中,要求草图与效果图并重,既注重思维激荡的过程,也注重最后完善为成果的过程。这就要求教师在辅导学生时,时时与学生保持互动。

具体方法是:要求学生在画正式的效果图之前,先设计出相当数量的草图,教师就这些草图与学生展开讨论,如整体把握、不足之处与如何完善,以及局部装饰手段是否过于简单或繁复等。当然,教师在辅导时要以尊重学生的创意思维为出发点,尽可能地对草图进行完善,以期得到较为理想的效果图。

3. 注重多中选优的优化方法

在设计过程中,面对 56 个民族传统服饰中如此灿烂多姿与繁杂的元素,设计者的脑海里会不时有灵感迸发,好的创意层出不穷。这些设计思路可能是协调的,也可能是矛盾的;出现在一个系列中的亮点也许是共同为一个主题服务的,也可能是各自为"政"的。如某同学在一个系列 3 套的成衣设计中,运用了藏族、蒙古族、苗族、瑶族、傣族等多个民族的多种民族服饰元素，那么其画面效果是繁乱而无序、不伦不类的。这个时候就需要设计者在多项选择中选取最适合的元素进行设计，这种增删与取舍本身也是设计的一个部分。

4. 注重效果图表达的诸个环节

很多学生在构思环节总能迸发出灵感与火花，但在效果图表达环节却无法将心中的想法很好地表达出来，这体现了效果图表现不过关。草图阶段通过之后就是效果图的表达阶段，一个好的设计，其核心在于设计思路和表现形式的完美结合。利用服装设计效果图来表现设计意图就是表达形式的一个途径。这就好像作者与写作的关系，在有好想法的作者中，有的作品能达到结构完整、条分缕析、用词准确，而有的却结构混乱、条理不通、词不达意。

针对这种情况，在效果图表达上需要把握4个要点：一是风格；二是布局；三是手法；四是表达形式。

（1）风格的确定

在将设计思想表达为效果图的过程中，首先要考虑的就是效果图的风格。作者应该针对所设计的服装风格确定画面的风格，是细腻还是粗犷，是时尚还是古典，是怀旧还是现代，是都市还是乡村，等等，都是需要确定的风格要素。

（2）布局的思考

画面的布局是效果图表达中一个重要的环节，太满和太空都是布局的大忌。比如一些同学的效果图的布局很满，服装、人体、配饰充斥了整张效果图，甚至连背景都辅以大朵的花卉图案。在这样的布局中，设计的重点就会被淹没在繁杂的布局中，画面的层次感也会减弱，使画面效果受损。还有一些同学在效果图的表达上存在过于空洞的毛病，不是人体小了就是画面大面积留白，使得效果图的完成度极差。这些都是对布局的思考不够充分和成熟造成的。而好的效果图的布局特点是：布局合理，主次分明，重点突出。

（3）手法的运用

学生们在进行服装效果图的表达时，运用的手法主要有3种：一是纯手绘；二是纯电脑作图；三是二者的结合。第一种是设计者用水粉、水彩、彩色铅笔、彩色蜡笔、麦克笔和各种绘图纸进行的创作，一般先用铅笔起稿，然后再用各种绘画工具进行深入创作；第二种是设计者利用各种电脑绘图软件以及电脑图片库中的各种款式、细节等图片进行效果图的表达；第三种是现在用得比较多的二合一形式，一般多先用铅笔起稿，然后将其通过扫描的方式输入电脑，再利用电脑对其进行深入创作和完善。

这三种方法都适用于效果图的表达教学，可针对具体设计和学生的具体掌握情况选择最适合的手法。

5. 注重对设计实现的综合考虑

在服装教学中，一个突出的问题就是学生们的设计与实际脱节的问题。因此，"在进行设计时，一般要考虑下列5个条件：1. 什么人穿？2. 什么时候穿？3. 什么地方穿？4. 什么场合穿？5. 为什么穿？"[①]

经常能看到设计思路和画面效果都很突出的效果图，但当问到"用什么颜色"、"用什么面料"、"袖口如何固定"等问题时，得到的回答多是"这个还没有想"、"不知道"。服装兼具实用、装饰、审美的多重意义，但不容否认，其基点应该是实用。一个服装设计作品如果没有实用价值，就会失去大部分的价值。因

[①] 李当崎：《服装学概论》，第213页，高等教育出版社，1998年版。

此，需要让学生在设计的过程中就将面料、色彩、工艺、服装的局部特征等因素考虑进去。

(1) 面料的因素

面料对服装的塑造起到非常重要的作用，为了达到不同的设计效果，我们会选择不同的面料。如纯棉质地的面料更能突出自然的设计理念，裘皮更能突出奢华的质感等。在利用民族传统元素进行设计时，也可以考虑将其特有的一些面料如艾德里斯绸、氆氇运用到设计中。此外，也可以利用面料的肌理效果和纹理图案来达到时尚设计的目的，如用麂皮面料对鱼皮衣鱼纹的模仿等，都能起到很好的作用。

(2) 色彩的因素

在设计中，色彩是优先需要考虑的因素，有冷色系、暖色系、中性色系等。可以说色彩是服装的一种表情，Alison Lurie 在《解读服装》一书中曾经如此划分服装色彩的"语言"——白色代表纯洁、天真和地位，黑色代表忧郁、罪恶和诡辩，灰色代表谨慎和神秘，红色代表爱和愤怒，黄色代表年轻、希望和欢乐，蓝色代表和谐、正直和忠诚等[1]。在我国，不同的民族对色彩的审美与认知差异很大，这也形成了不同的色彩表达与色彩组合，这都是我们应该考虑的。民族服饰中尤其是少数民族服饰中的色彩大多古朴、热烈、绚烂与多姿，是现代的大部分设计所不能比肩的，其用色的大胆、搭配的巧妙、对比的精到（或强烈或微妙），都是值得我们进行深入地解读和学习的。

(3) "民族传统服装设计"课程的作业设置

这门课的作业设置主要包括两个部分：一是草图部分；二是

---

[1] Alison Lurie 著，李长青译：《解读服装》，第 175 页，中国纺织出版社，2000 年版。

效果图部分。效果图要在所有草图中选定较为优秀的来完成。下面是具体的作业种类、规格与要求：

作业设置（传统旗袍专题）

作业种类	规格与数量	作业要求
一、草图	1. 传统旗袍设计：A4纸草图20张 2. 旗袍元素设计：A4纸草图20张	1. 人体结构准确、比例适中，服装设计完整； 2. 利用中国传统元素，满、蒙古、苗、藏族元素（任选组合，不超过两种）； 3. 线条流畅、画面清晰、完成度高，有借鉴、有设计、有思考； 4. 传统旗袍设计——对传统旗袍进行时尚化设计； 5. 旗袍元素设计——以传统旗袍元素（款式特点、面料特点、结构特点）为灵感进行其他款式的设计，如礼服、运动装等
二、效果图	1. 传统旗袍设计效果图2张（4开，两人组合和四人组合各一张） 2. 旗袍元素设计效果图2张（4开，两人组合和四人组合各一张）	1. 所选草图通过后，画正式效果图； 2. 效果图要求为彩色效果图，手绘或电脑或二者结合均可，有整体的设计思想，完成度高； 3. 有借鉴、有设计、有思考，能够充分表达出自己的设计意图，有相应的头饰、配饰组合，画面完整、背景协调，在画的右下角画出款式图（正、反面）
三、设计说明	1个PPT文件	1. 形式：采用PPT的形式； 2. 内容：线描图、效果图、设计主题、设计说明、灵感来源（附图片）； 3. 每张效果图需要标注所用的面料、颜色

三、结　语

通过"民族传统服装设计"课程教学，师生间的积极互动对学生设计思维的激发和设计潜力的挖掘起到了良好的推动作用，

"民族传统服装设计"课程的教学实践与思考

取得了较好的成效。其中,何献波同学的课程作业《蓝色墨水》获 2006 年"名瑞"杯国际礼服设计大赛铜奖,作品被中央民族大学美术学院收藏;胡忠潮同学的课程作业《狂诗曲》获"蔡美月"杯第五届全国时装画艺术大赛决赛优秀奖。本门课也成为中央民族大学服装设计本科校级精品课程群"民族服饰与服装设计"课程群的主干课程,获得师生的好评。

图 73　学生获奖作品

主要参考文献

[1] 贵州省编写组:《苗族社会历史调查》,贵州民族出版社,1986年。
[2] 戴平:《中国民族服饰文化研究》,上海人民出版社,2000年。
[3] 杨正文:《苗族服饰文化》,贵州民族出版社,1998年。
[4] 石启贵:《湘西苗族实地调查报告》(增订本),湖南人民出版社,2002年。
[5] 张建世、张正文、杨嘉铭:《西南少数民族民间工艺文化保护研究》,四川民族出版社,2005年。
[6] 杨源、何星亮主编:《民族服饰与文化遗产研究——中国民族学会2004年年会论文集》,云南大学出版社,2005年。
[7] 徐万邦、祁庆富:《中国少数民族文化通论》,中央民族大学出版社,1996年。
[8] 祁庆富主编、黄建明副主编:《民族文化遗产》(第一辑),民族出版社,2004年。
[9] 沈从文:《中国古代服饰研究》,商务印书馆上海分馆,1981年。
[10] 华梅:《中国服装史》,中国纺织出版社,2007年。
[11] 陈高华、徐吉军:《中国服饰通史》,宁波出版社,2002年。
[12] 华梅、周梦:《服装概论》,中国纺织出版社,2009年。
[13] 王受之:《世界时装史》,中国青年出版社,2002年。
[14] 李当崎:《西洋服装史》,高等教育出版社,1995年。
[15] 叶朗:《中国美学史大纲》,上海人民出版社,1985年。
[16] 张静如、卞杏英:《国民政府统治时期中国社会之变迁》,中国人民大学出版社,1993年。
[17] 孔径伟:《中国资本主义史纲要》,吉林文史出版社,1988年。
[18] 杜恂诚:《民族资本主义与旧中国政府(1840—1937)》,上海社会科学院出版社,1991年。
[19] 陈真:《中国近代工业史料》(第三辑),生活·读书·新知三联书店,

1961年。
[20] 吴广义、范新宇:《苦辣酸甜——中国著名民族资本家的路》,黑龙江人民出版社,1988年。
[21] 邱志华:《裂缝与夹缝——中国近代企业家的生存智慧》,立信会计出版社,1996年。
[22] 潘君祥:《中国近代国货运动》,中国文史出版社,1996年。
[23] 费正清:《剑桥中华民国史》(第一部),上海人民出版社,1991年。
[24] 仲富兰:《图说中国百年社会变迁(1840—1949)》,上海学林出版社,2001年。
[25] 中国近代纺织史编委会:《中国近代纺织史 1840—1949》(上、下卷),中国纺织出版社,1997年。
[26] 佚名:《记鸿翔服装公司》,中国人民政治协商会议上海市委员会文史资料工作委员会编,《上海文史资料选辑》(第五十二辑),上海人民出版社,1986年。
[27] 王翔:《老商标的故事》,民主与建设出版社,2004年。
[28] 周天游主编:《唐墓壁画研究文集》,三秦出版社,2001年。
[29] 昭陵博物馆编:《昭陵唐墓壁画》,文物出版社,2006年。
[30] 河北省文物研究所保定市文物管理处编:《五代王处直墓》,文物出版社,1998年。
[31] [美] 凡勃伦:《有闲阶级论》,商务印书馆,1964年。
[32] [美] 玛丽琳·霍恩著,乐竟泓、杨治良等译:《服饰:人的第二皮肤》,上海人民出版社,1991年。
[33] [美] 珍妮弗·克雷克著,舒允中译:《时装的面貌》,中央编译出版社,2000年。
[34] [美] 安妮·霍兰德著,魏如明等译:《性别与服饰:现代服装的演变》,东方出版社,2000年。

后　记

　　服饰是鲜活的、立体的、动感的、美妙的，充满无穷魅力。在以往的研究中，服饰多被划入物质文化领域，偏重于物质层面，但我认为服饰的精神属性也非常重要，它蕴藏着丰富的文化与内涵。服饰是一个无尽的宝库，是我们研究民族文化的一把钥匙，是我们观察传统与时尚文化的一扇窗子，吸引我不断探寻。

　　这本集子收录了我的22篇论文，它们虽然粗浅幼稚，但在一定意义上可以说是我进入中央民族大学从事服装教学和研究工作以来的一个小结，其中有我的心得和感悟，也有我的理解和认识。它们多是些随心所至、信马由缰的随感，全无章法、不成系统，如痴人说梦，名之曰"文集"，则不胜惶恐，倘若称作"服饰梦话"更为妥贴，我的心也才更安适一些。

　　这些论文大致可以归为服装史类、少数民族服饰类、服饰文化类及其他四个类别，有些已发表，有些尚未发表；有些是纯理论研究，有些是在民族地区实地田野调查的成果，这次结集一并收入其中，权作抛砖引玉，恳请专家与同道斧正。

　　感谢中央民族大学，感谢中央民族大学美术学院的领导殷会利老师、何川老师、高润喜老师、陈刚老师以及我的同事们，是他们一直以来的关怀和照顾，激励我进取前行。

　　感谢中央民族大学出版社，感谢本书编辑认真、辛劳地工作，使我的拙作成书。

　　感谢我的导师徐万邦教授和袁仄教授，他们丰富的学养和严谨的治学态度滋养和教育了我。

　　感谢李克瑜教授和华梅教授，是她们亲如导师般的关爱与教

后　记

海给了我信心和力量。

感谢我的父母、先生和儿子，他们的爱是我精神的慰藉。

谨以此书献给我的学院——中央民族大学美术学院！

周　梦
2009 年小雪